OKPELE DIVINATIONAL SYMBOLS OF IFISM

C. OSAMARO IBIE

OKPELE
DIVINATIONAL SYMBOLS OF IFISM

BY
C. OSAMARO IBIE

Copyright © 2025 by BLP PUBLISHING

All rights reserved. No part of this publication may be reproduced or transmitted in any form or by any means electronic or mechanical, including information storage and retrieval systems without permission in writing from the publisher, except for student research using the appropriate citations.

BLP PUBLISHING

ISBN: 978-1-63652-446-7

OKPELE DIVINATIONAL SYMBOLS IN IFISM

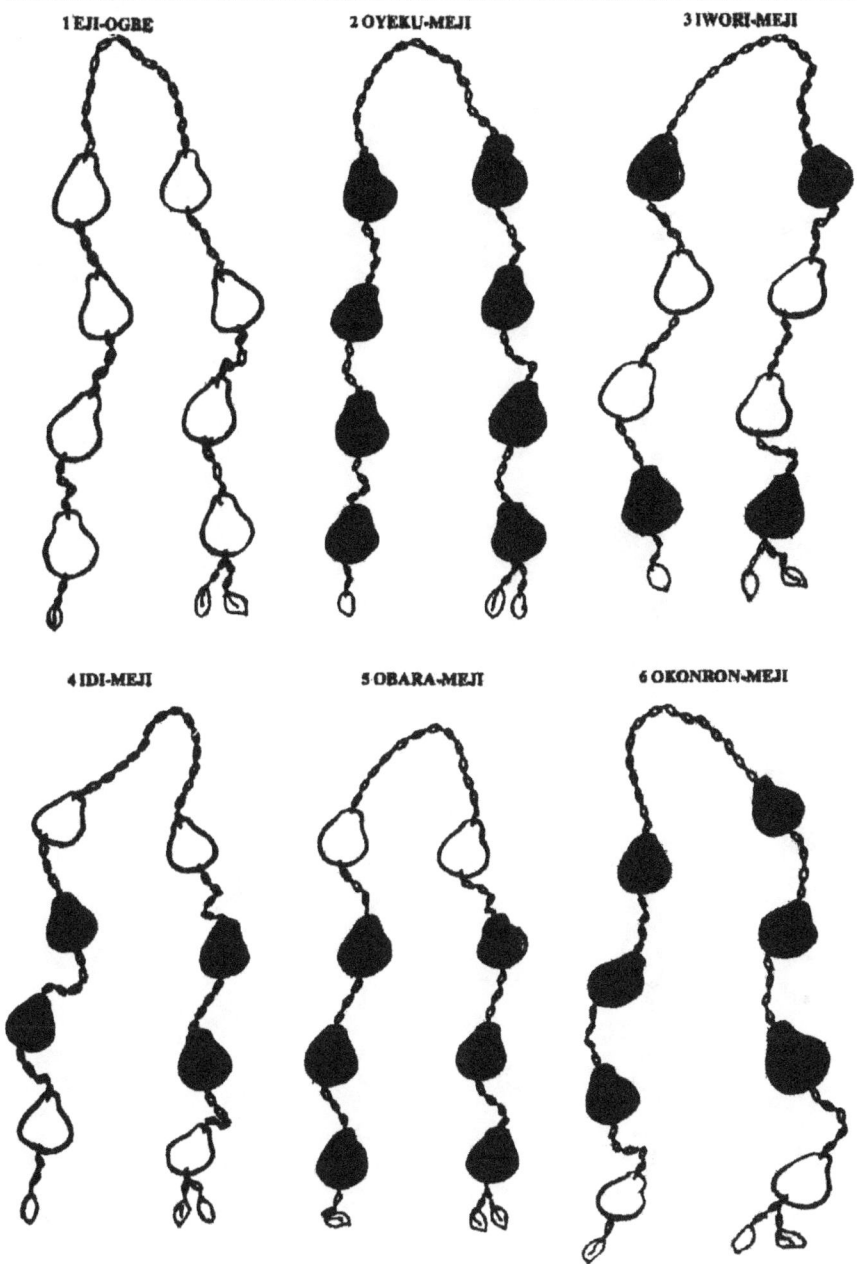

OKPELE DIVINATIONAL SYMBOLS IN IFISM

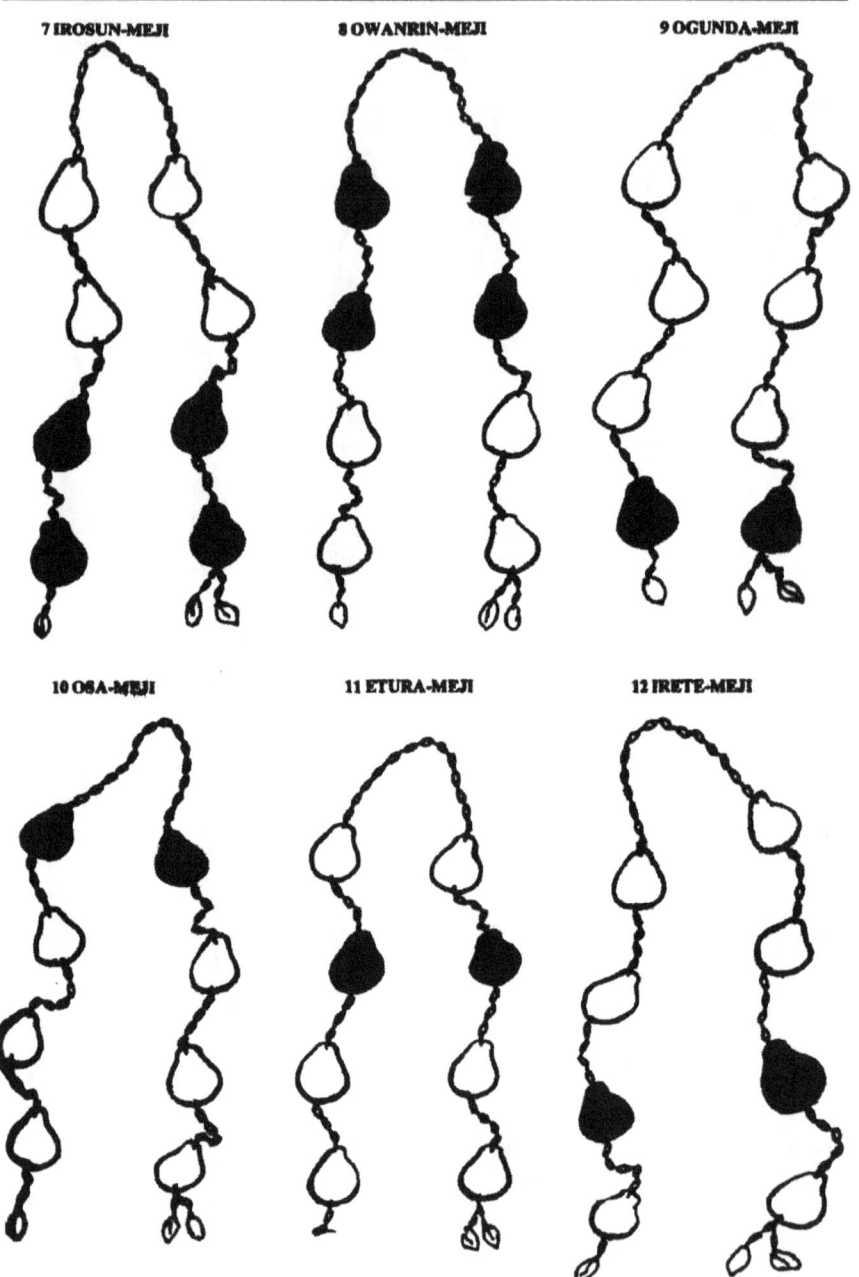

7 IROSUN-MEJI 8 OWANRIN-MEJI 9 OGUNDA-MEJI
10 OSA-MEJI 11 ETURA-MEJI 12 IRETE-MEJI

OKPELE DIVINATIONAL SYMBOLS IN IFISM

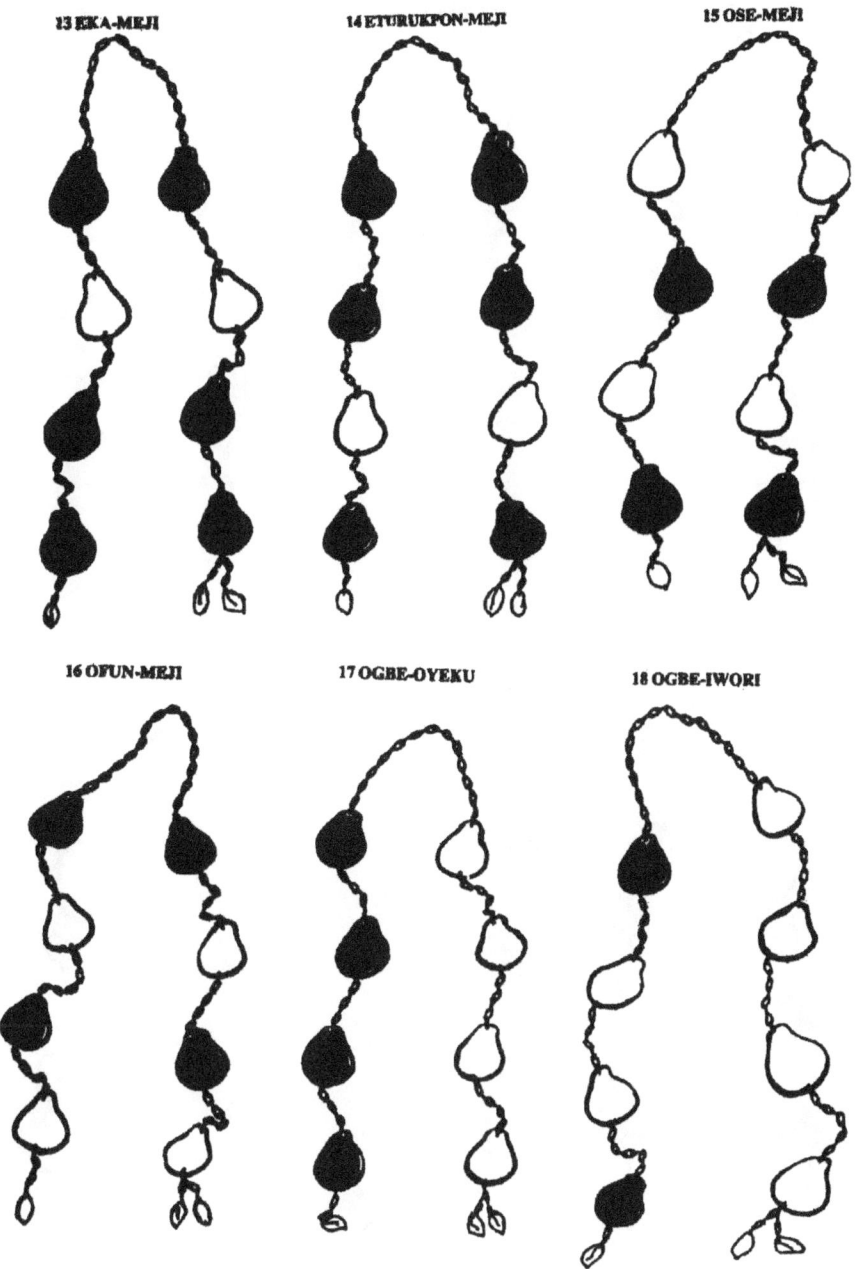

OKPELE DIVINATIONAL SYMBOLS IN IFISM

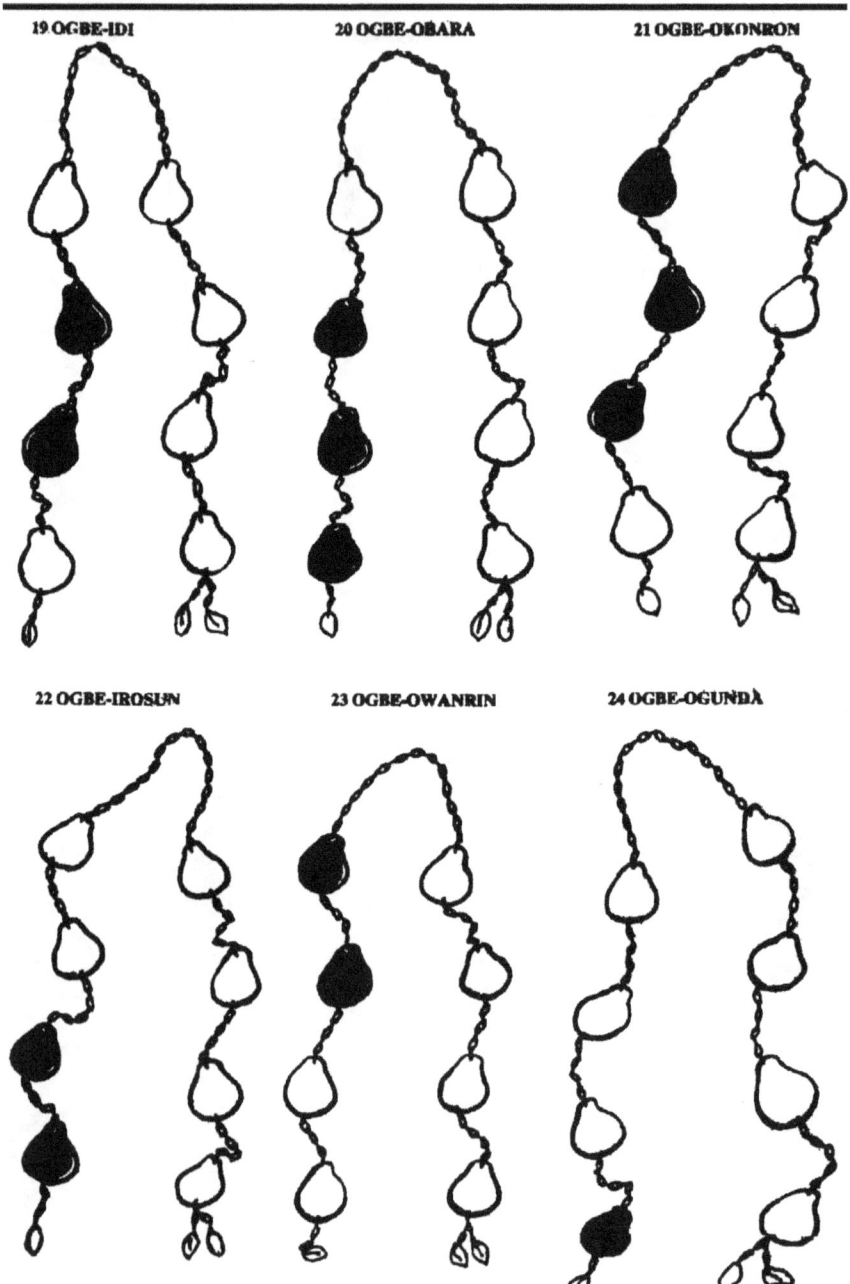

19 OGBE-IDI   20 OGBE-OBARA   21 OGBE-OKONRON

22 OGBE-IROSUN   23 OGBE-OWANRIN   24 OGBE-OGUNDÀ

OKPELE DIVINATIONAL SYMBOLS IN IFISM

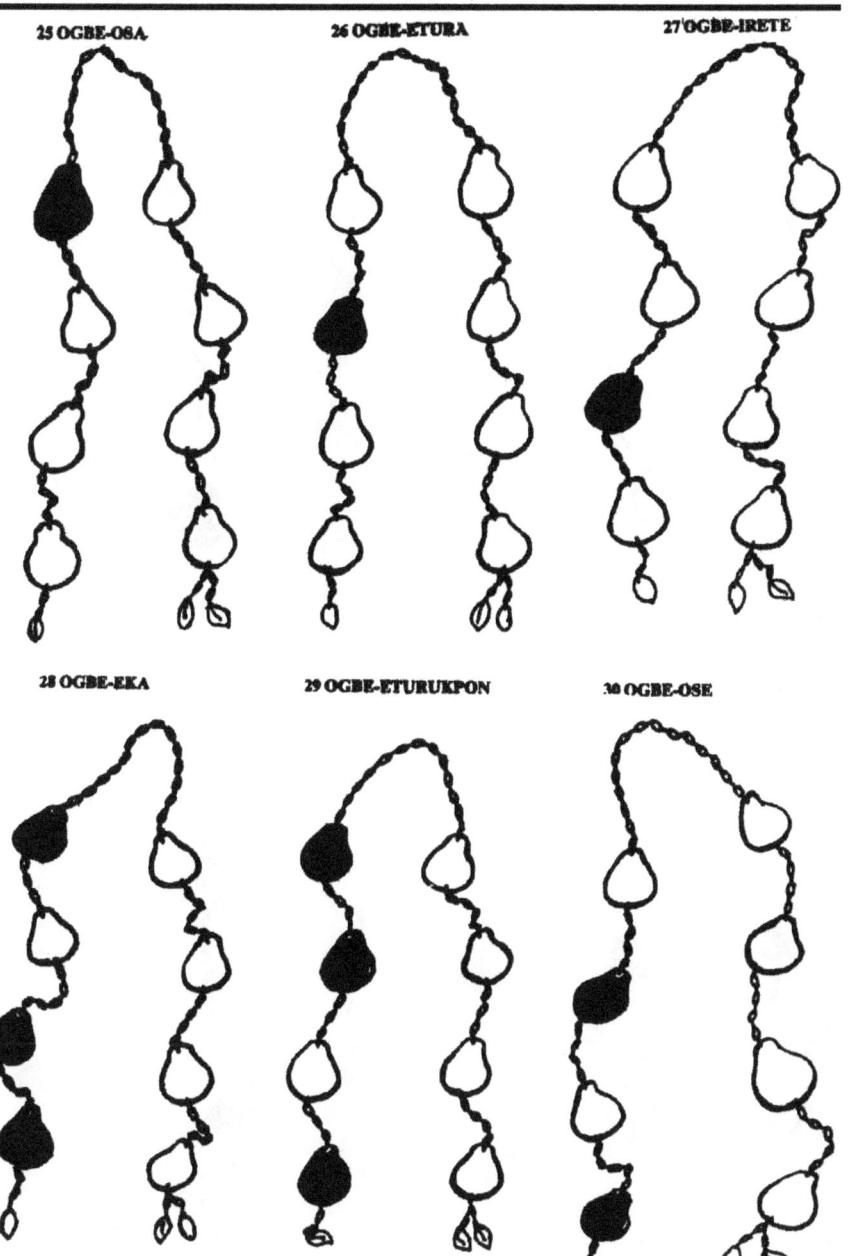

25 OGBE-OSA 26 OGBE-ETURA 27 OGBE-IRETE
28 OGBE-EKA 29 OGBE-ETURUKPON 30 OGBE-OSE

OKPELE DIVINATIONAL SYMBOLS IN IFISM

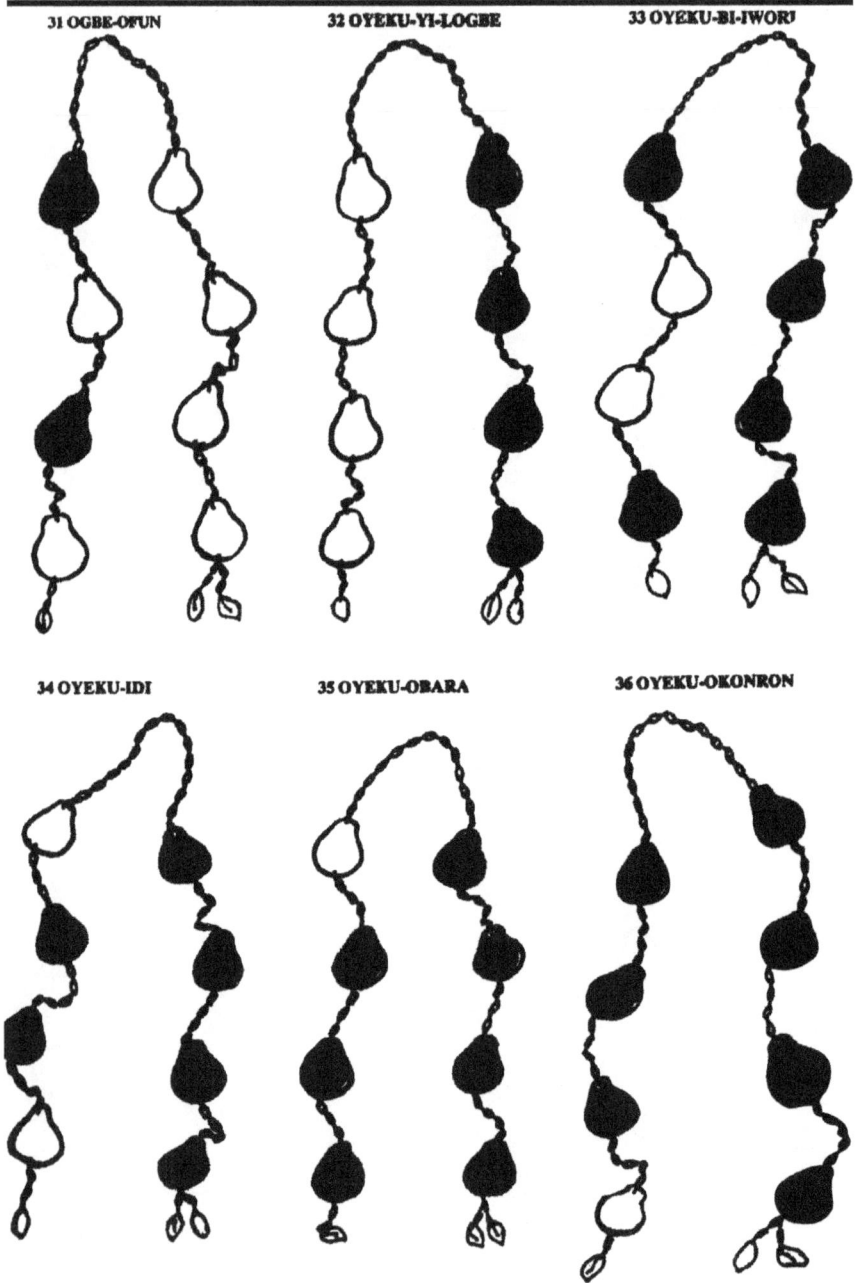

31 OGBE-OFUN   32 OYEKU-YI-LOGBE   33 OYEKU-BI-IWORI

34 OYEKU-IDI   35 OYEKU-OBARA   36 OYEKU-OKONRON

OKPELE DIVINATIONAL SYMBOLS IN IFISM

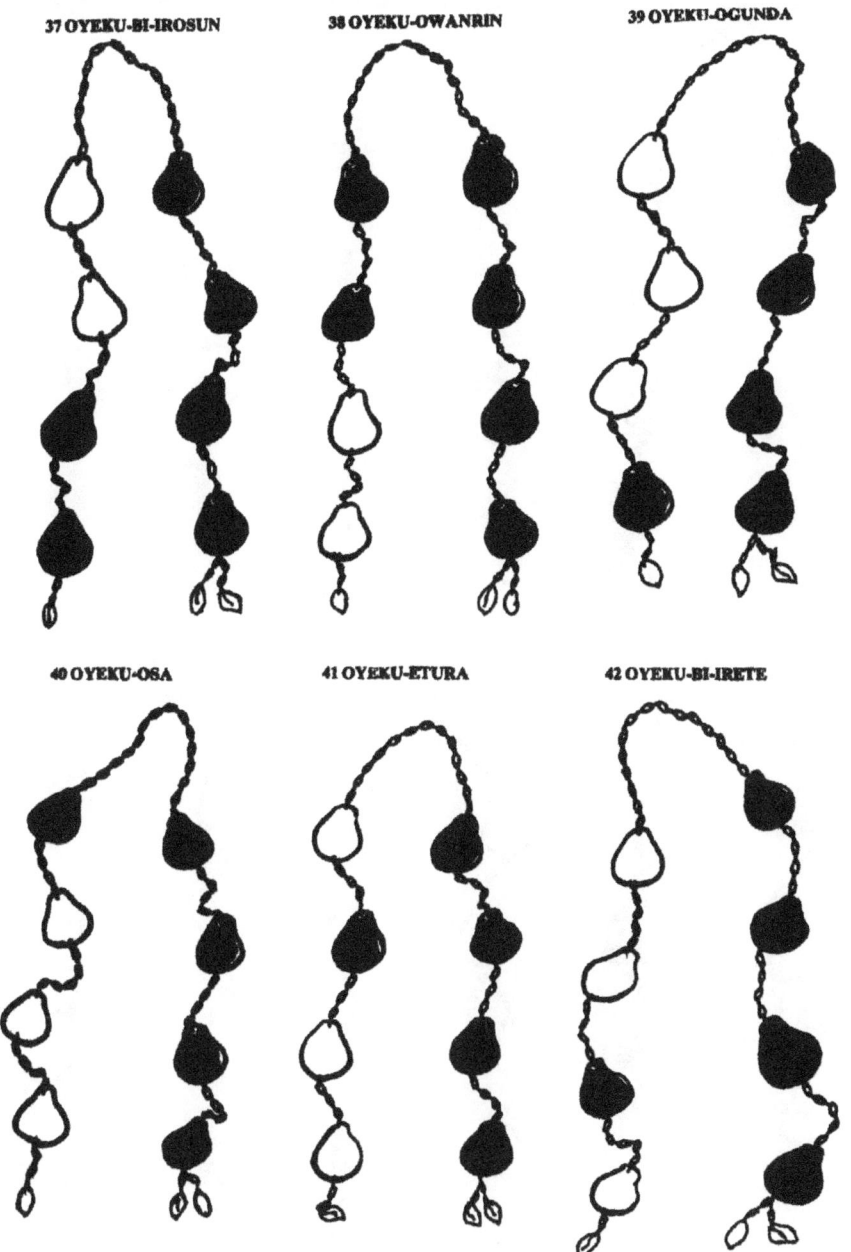

37 OYEKU-BI-IROSUN 38 OYEKU-OWANRIN 39 OYEKU-OGUNDA

40 OYEKU-OSA 41 OYEKU-ETURA 42 OYEKU-BI-IRETE

OKPELE DIVINATIONAL SYMBOLS IN IFISM

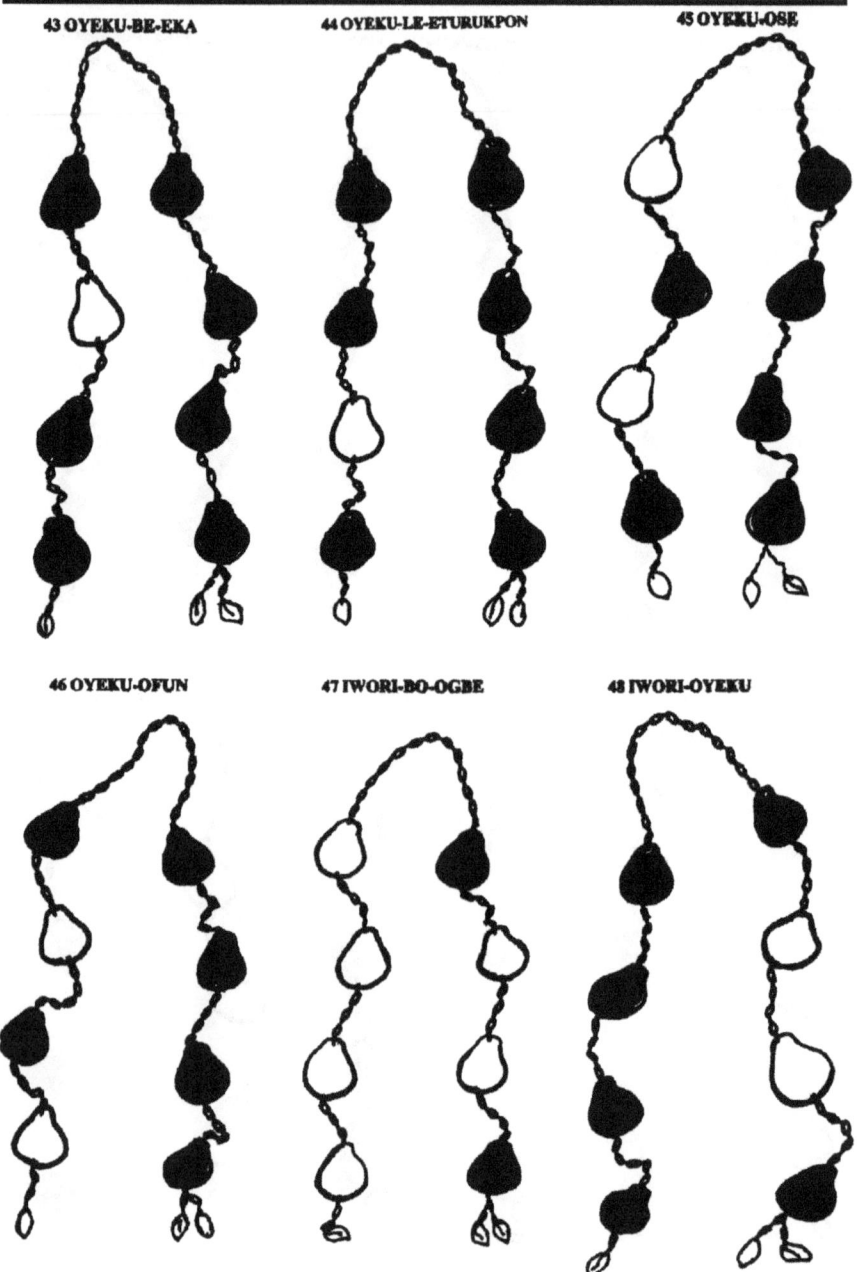

43 OYEKU-BE-EKA
44 OYEKU-LE-ETURUKPON
45 OYEKU-OSE
46 OYEKU-OFUN
47 IWORI-BO-OGBE
48 IWORI-OYEKU

OKPELE DIVINATIONAL SYMBOLS IN IFISM

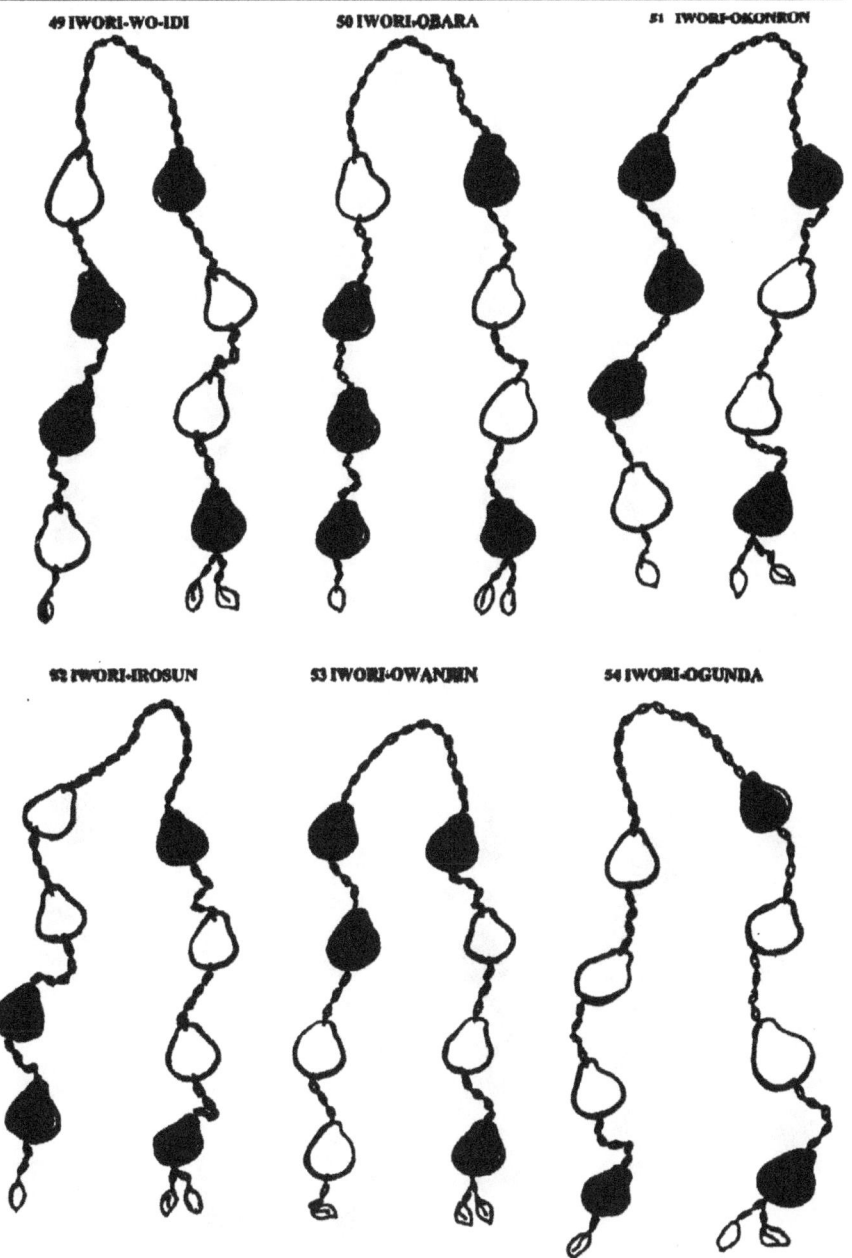

OKPELE DIVINATIONAL SYMBOLS IN IFISM

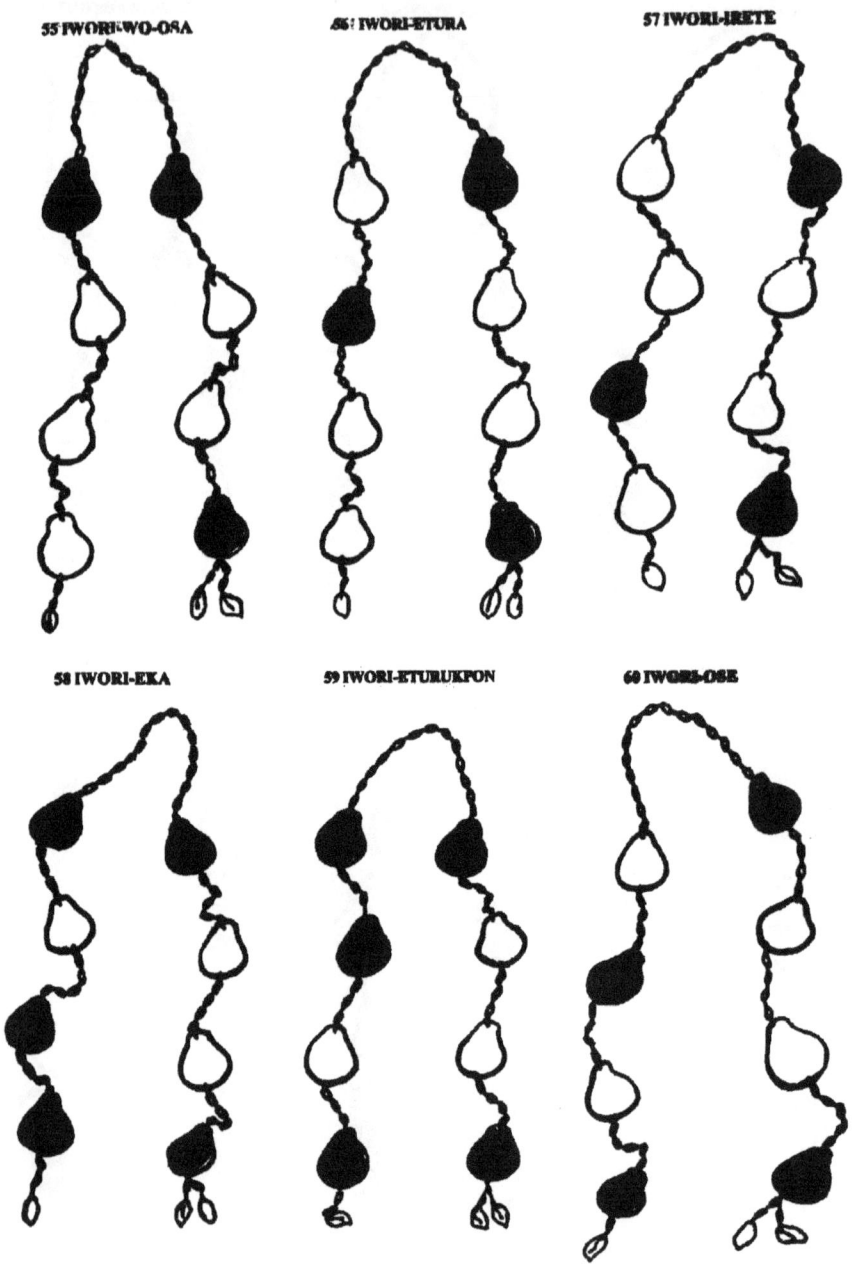

OKPELE DIVINATIONAL SYMBOLS IN IFISM

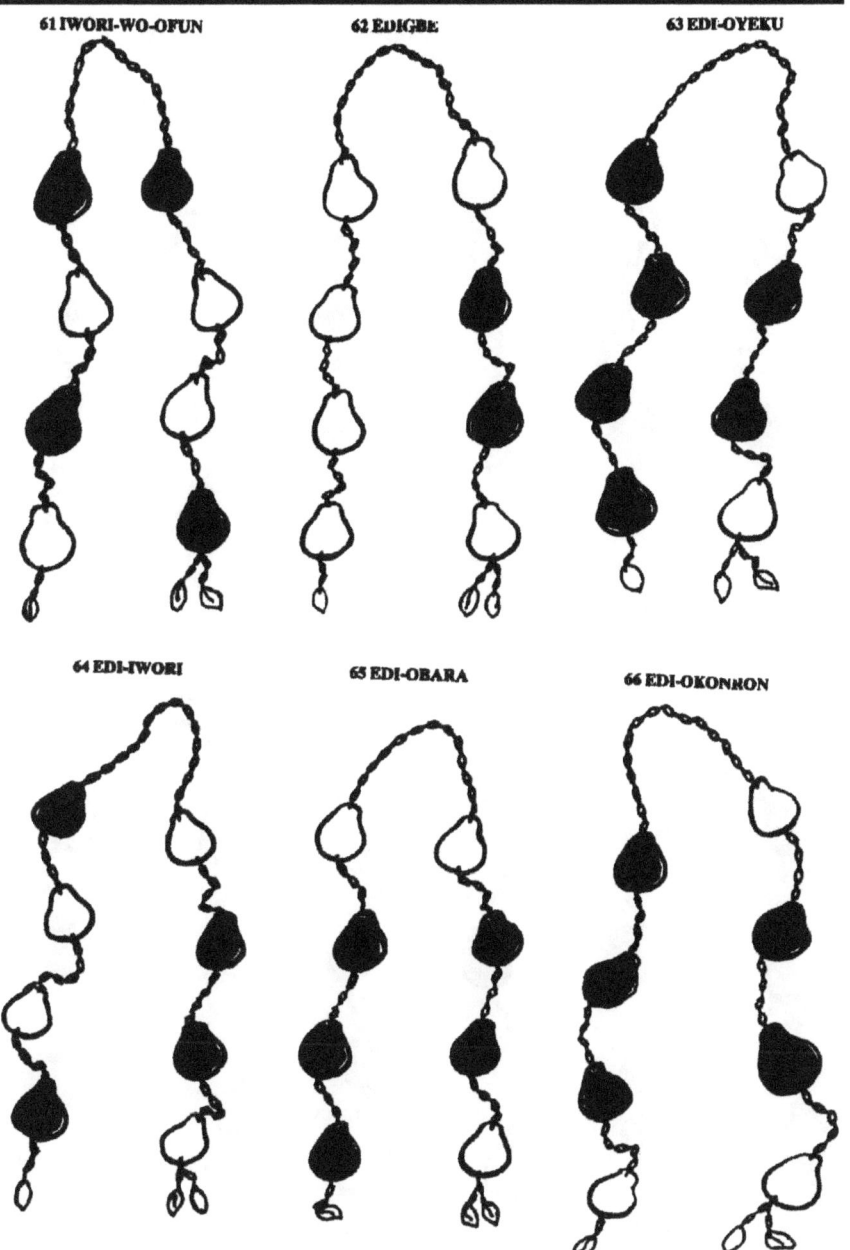

OKPELE DIVINATIONAL SYMBOLS IN IFISM

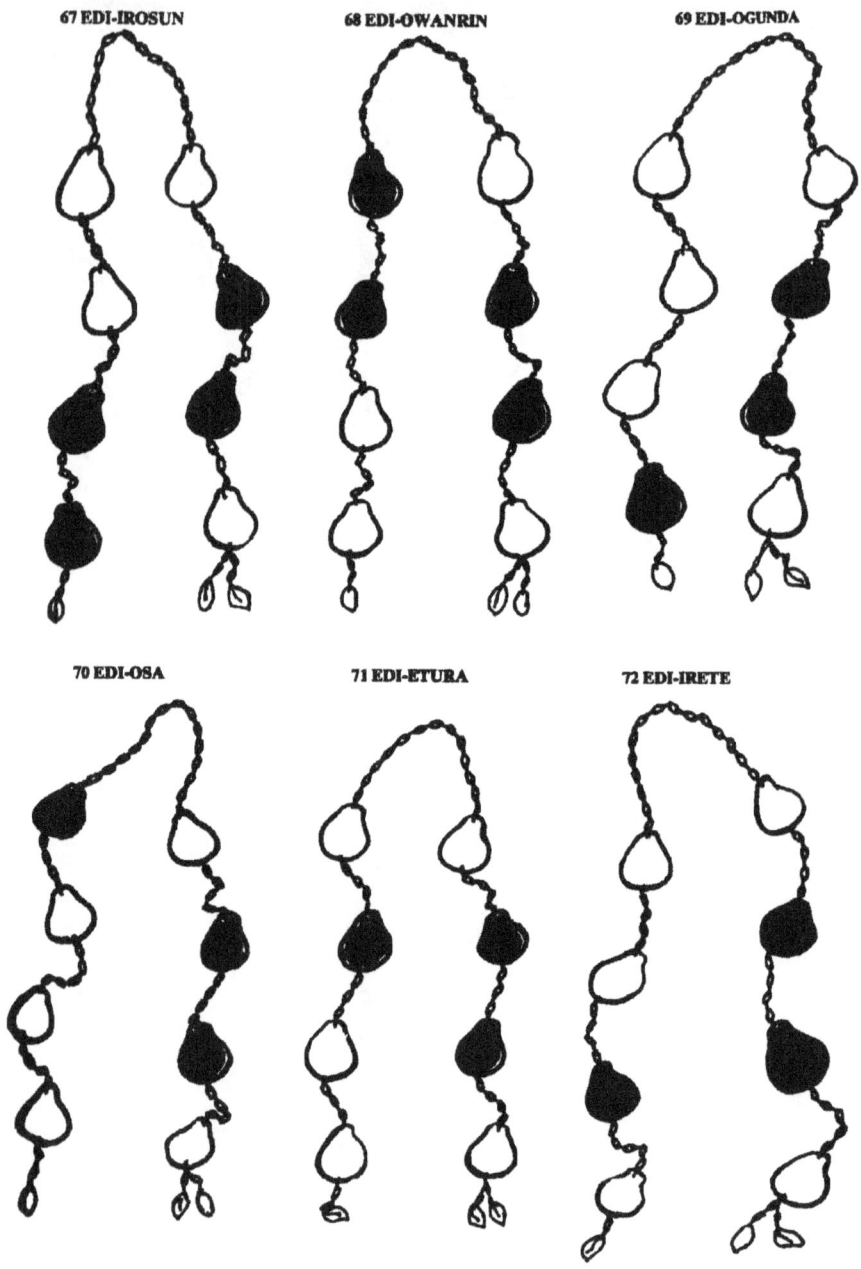

67 EDI-IROSUN
68 EDI-OWANRIN
69 EDI-OGUNDA
70 EDI-OSA
71 EDI-ETURA
72 EDI-IRETE

OKPELE DIVINATIONAL SYMBOLS IN IFISM

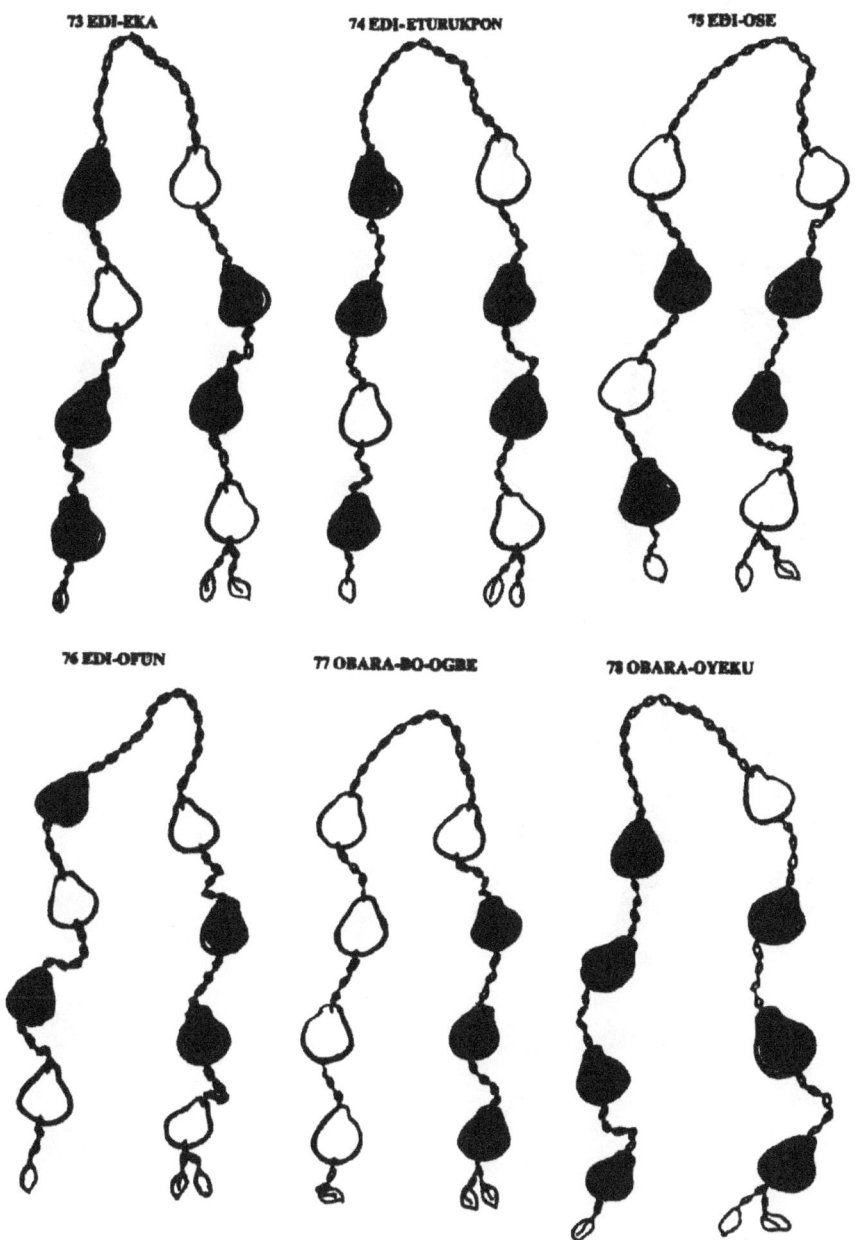

OKPELE DIVINATIONAL SYMBOLS IN IFISM

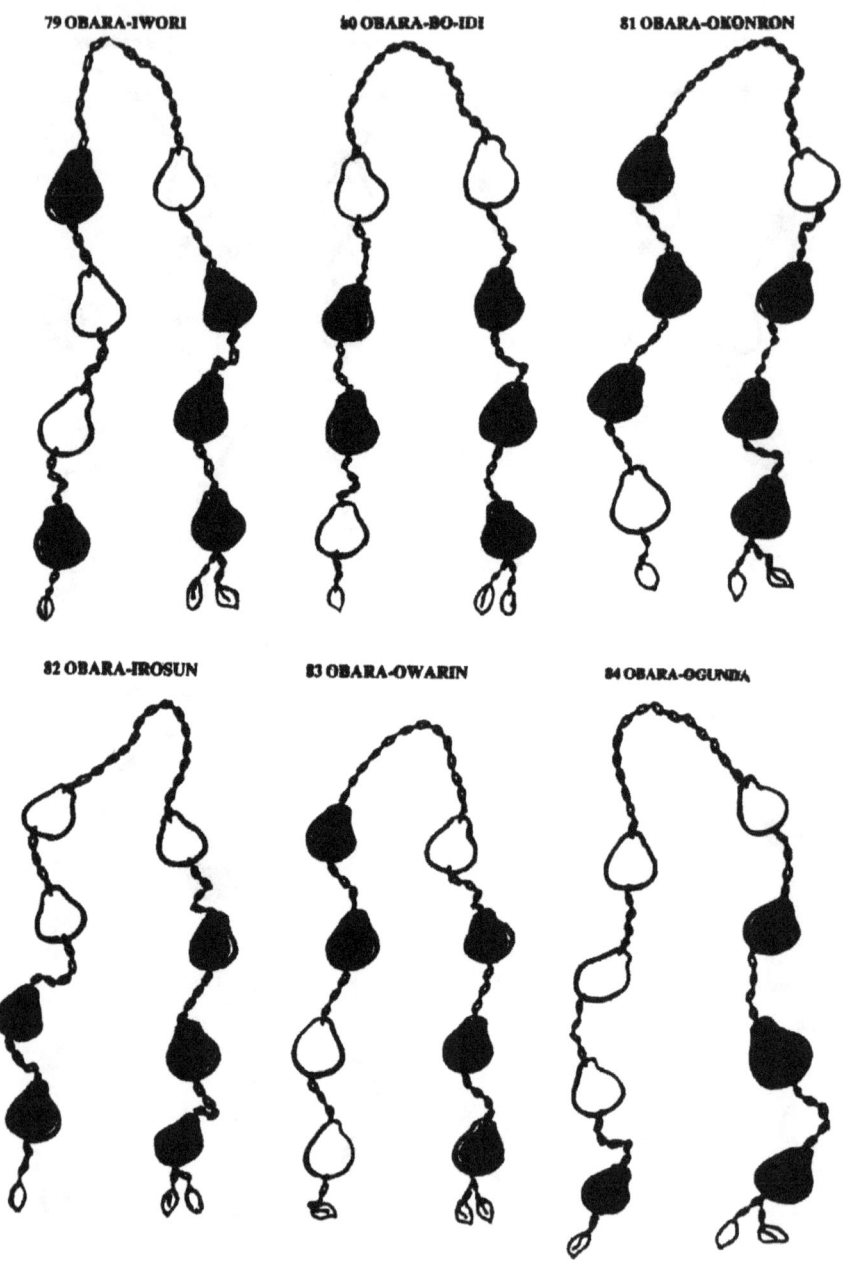

OKPELE DIVINATIONAL SYMBOLS IN IFISM

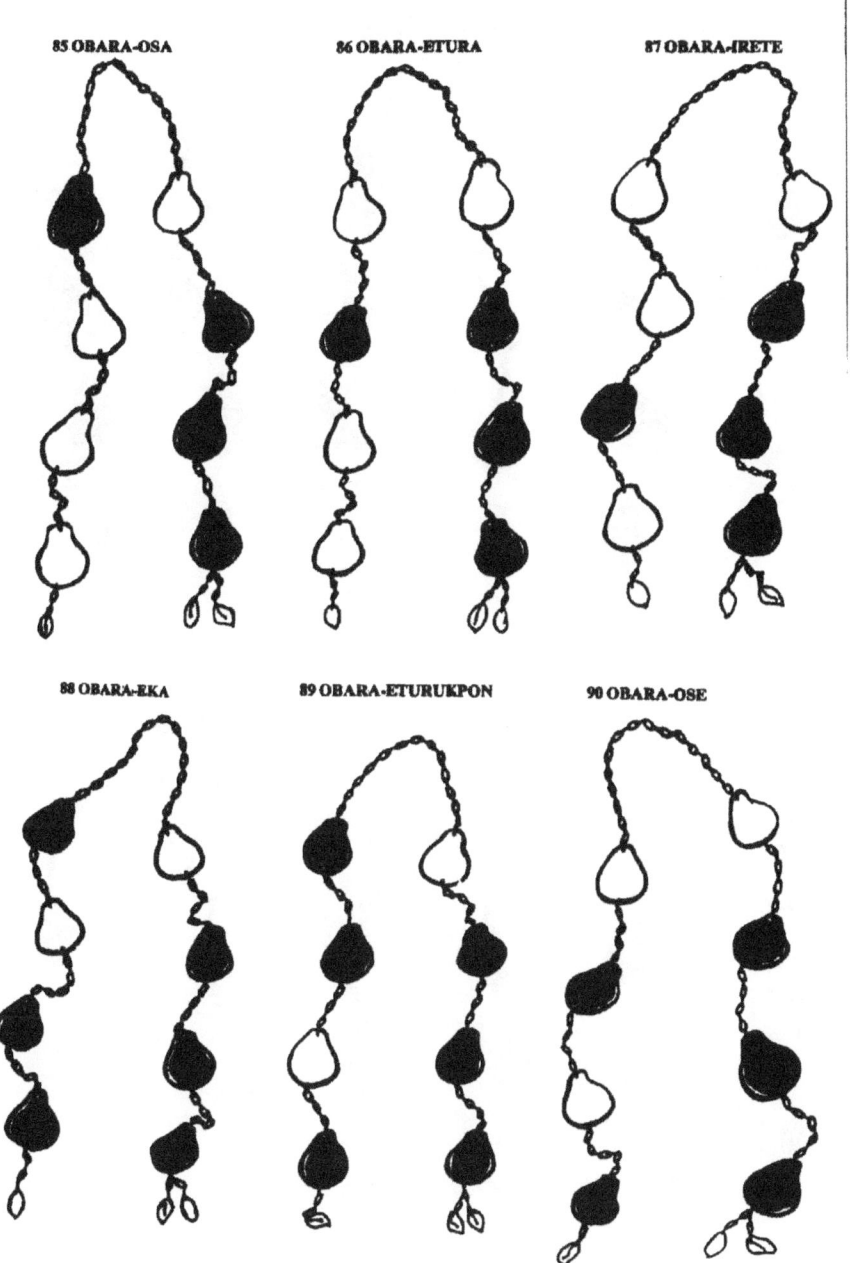

OKPELE DIVINATIONAL SYMBOLS IN IFISM

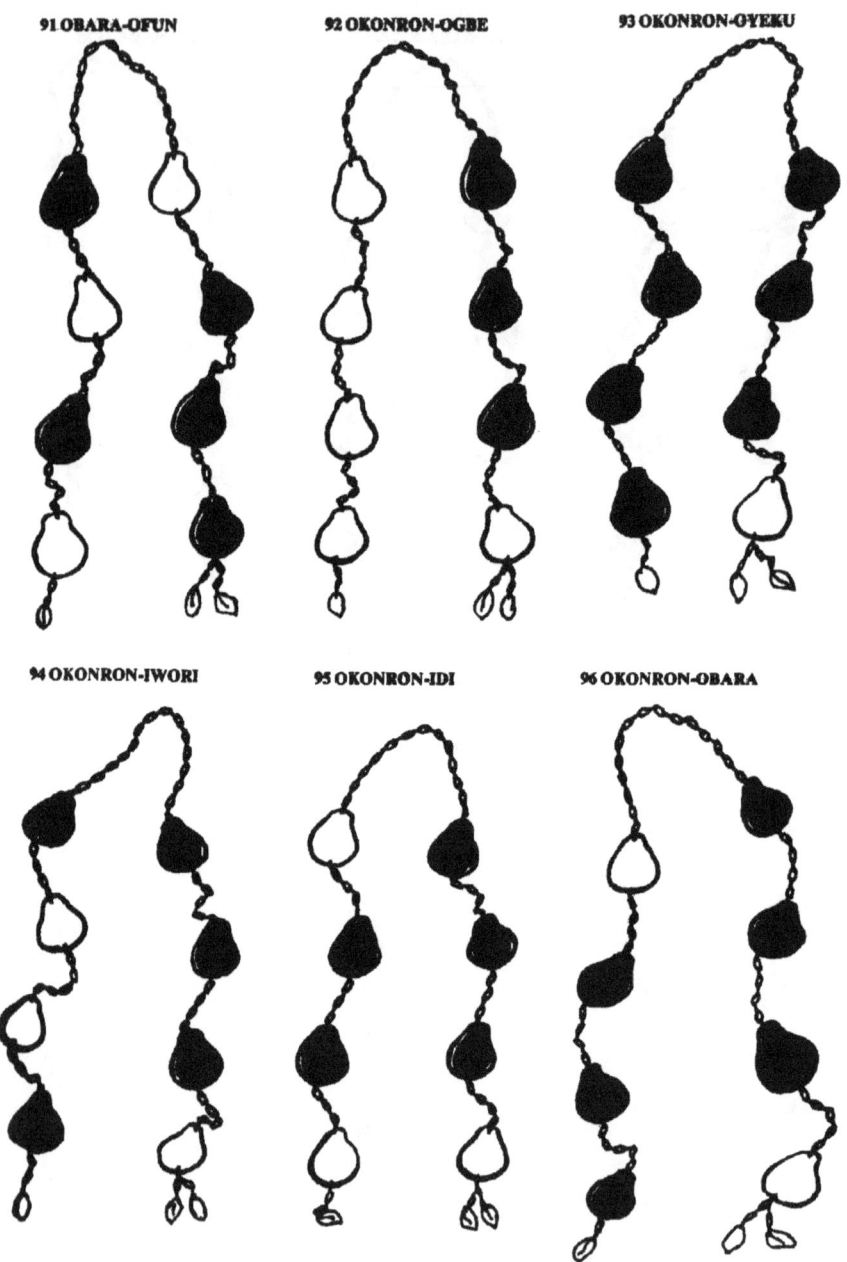

OKPELE DIVINATIONAL SYMBOLS IN IFISM

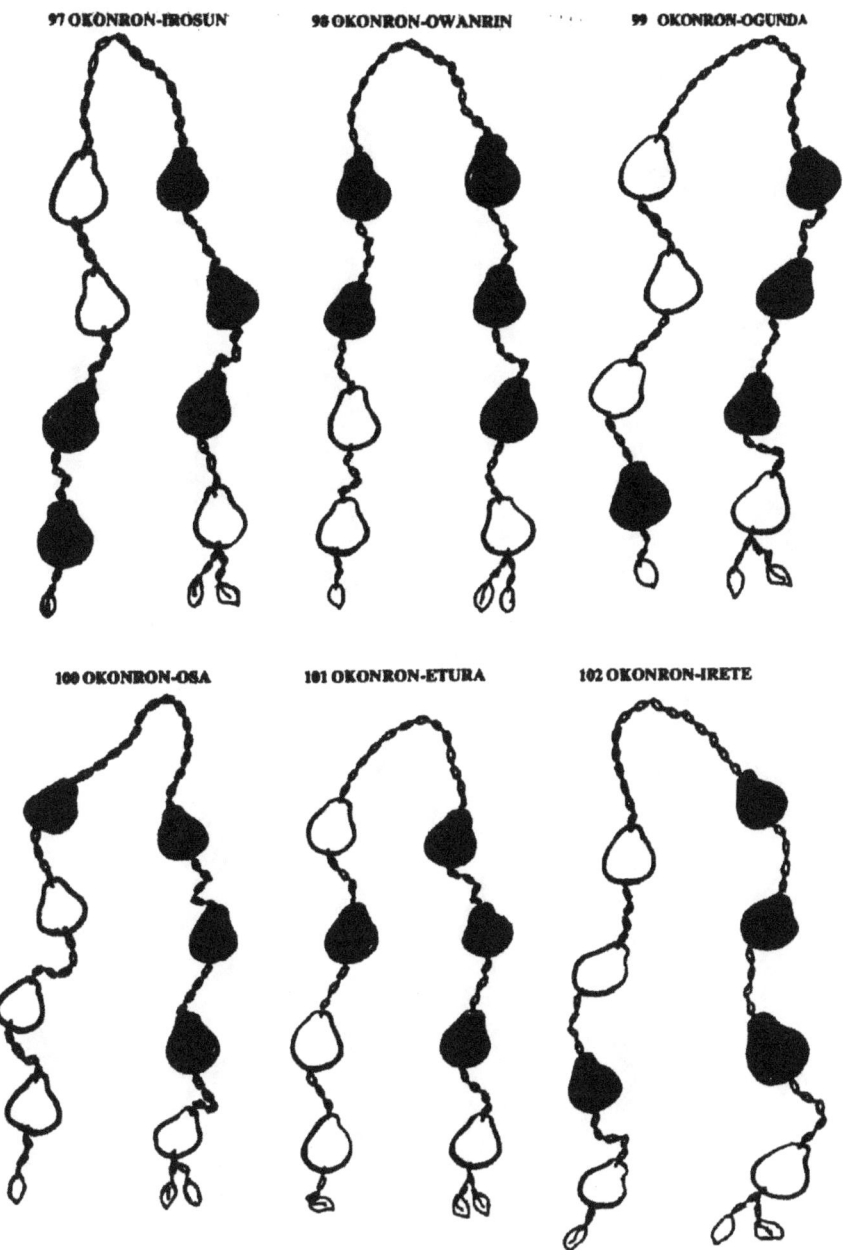

OKPELE DIVINATIONAL SYMBOLS IN IFISM

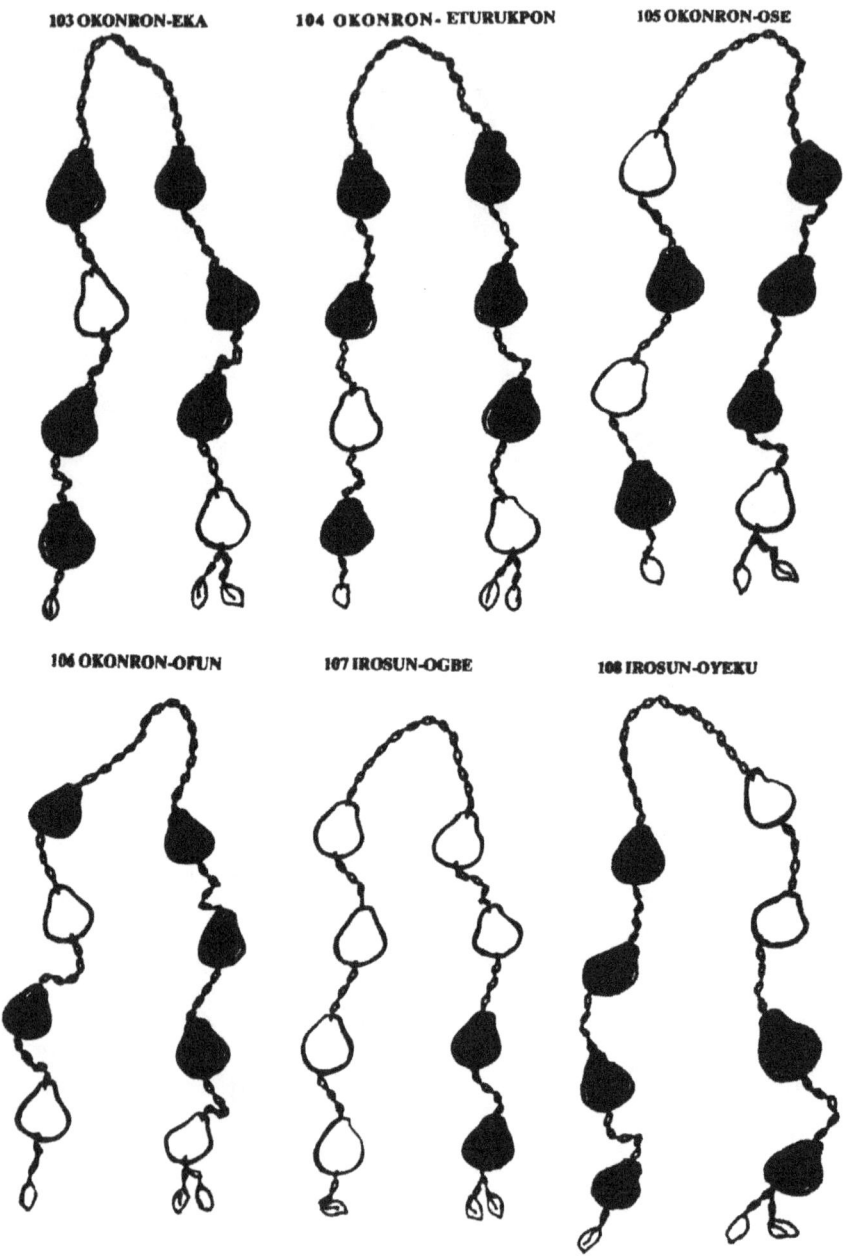

OKPELE DIVINATIONAL SYMBOLS IN IFISM

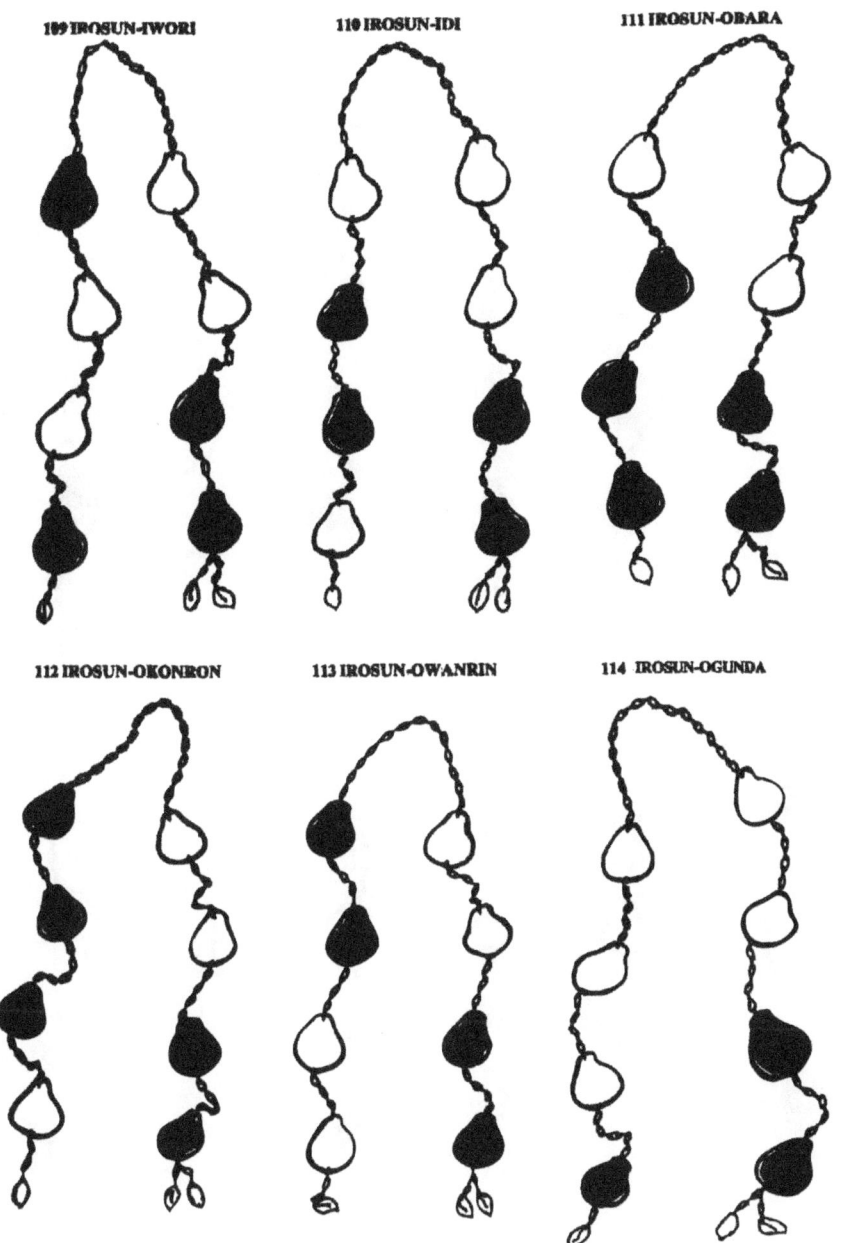

OKPELE DIVINATIONAL SYMBOLS IN IFISM

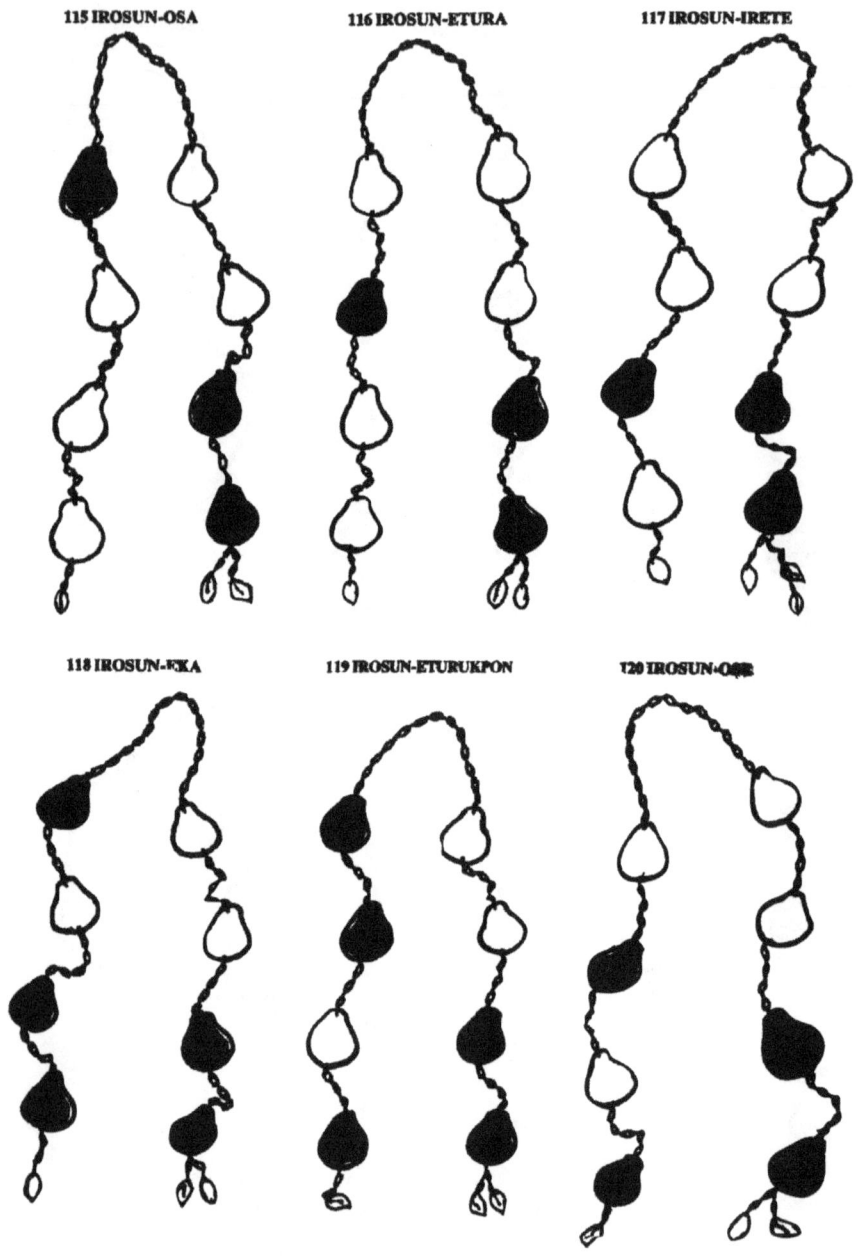

115 IROSUN-OSA   116 IROSUN-ETURA   117 IROSUN-IRETE

118 IROSUN-EKA   119 IROSUN-ETURUKPON   120 IROSUN-OSE

OKPELE DIVINATIONAL SYMBOLS IN IFISM

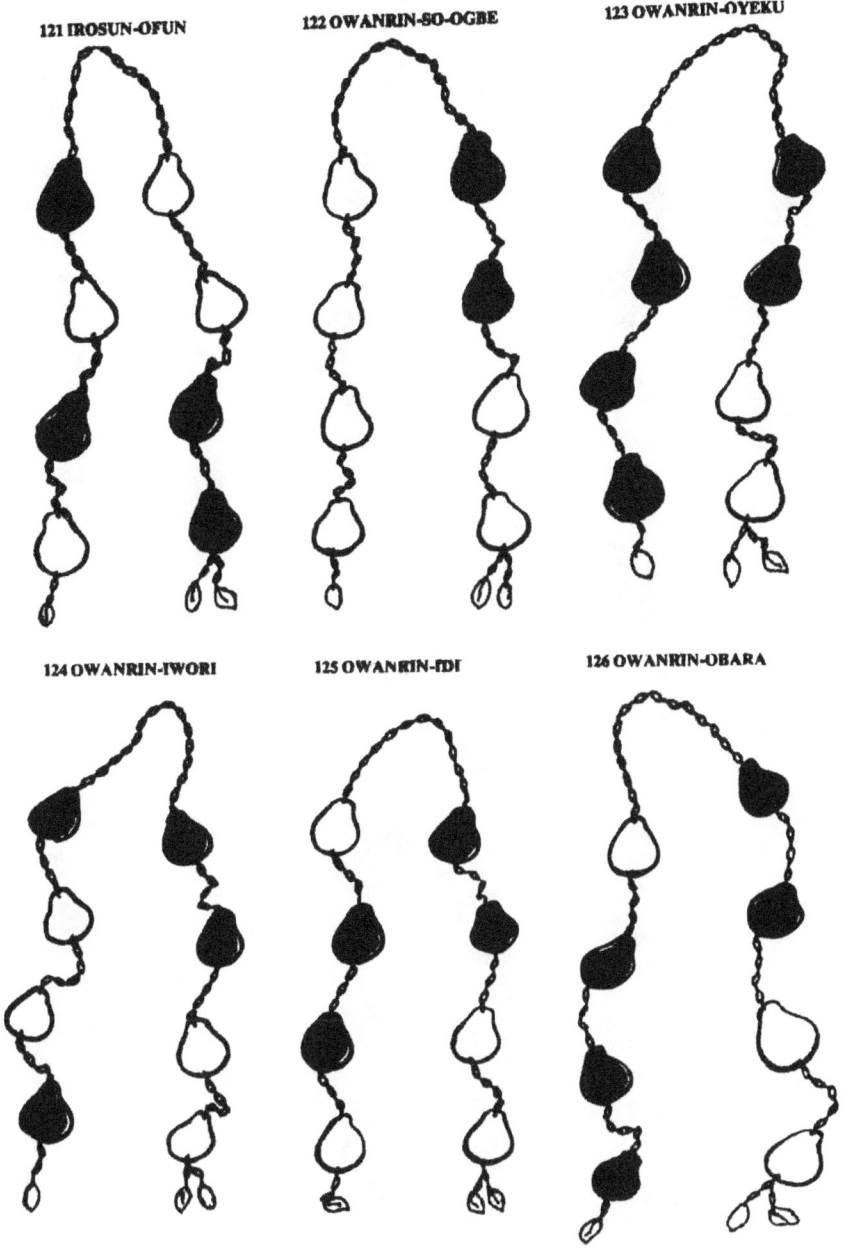

121 IROSUN-OFUN   122 OWANRIN-SO-OGBE   123 OWANRIN-OYEKU

124 OWANRIN-IWORI   125 OWANRIN-IDI   126 OWANRIN-OBARA

OKPELE DIVINATIONAL SYMBOLS IN IFISM

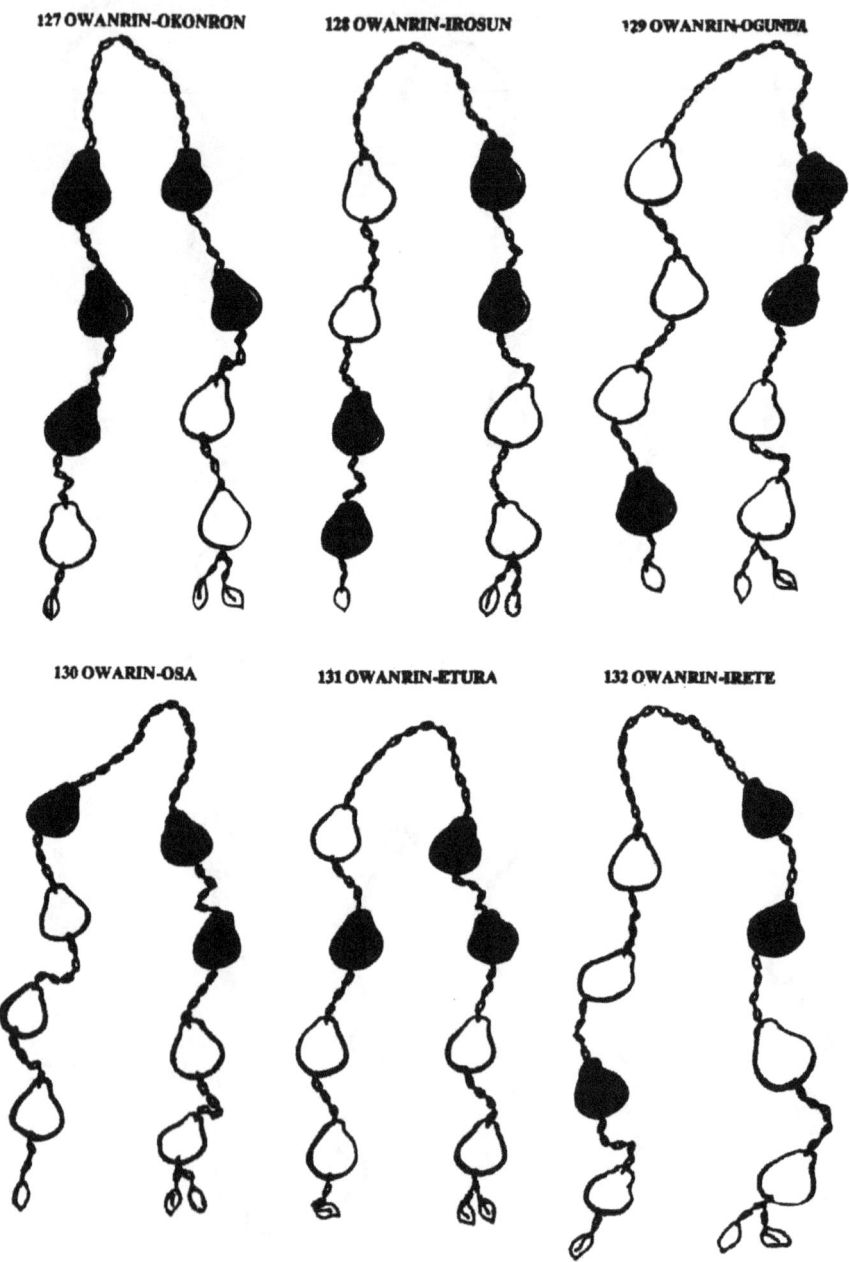

OKPELE DIVINATIONAL SYMBOLS IN IFISM

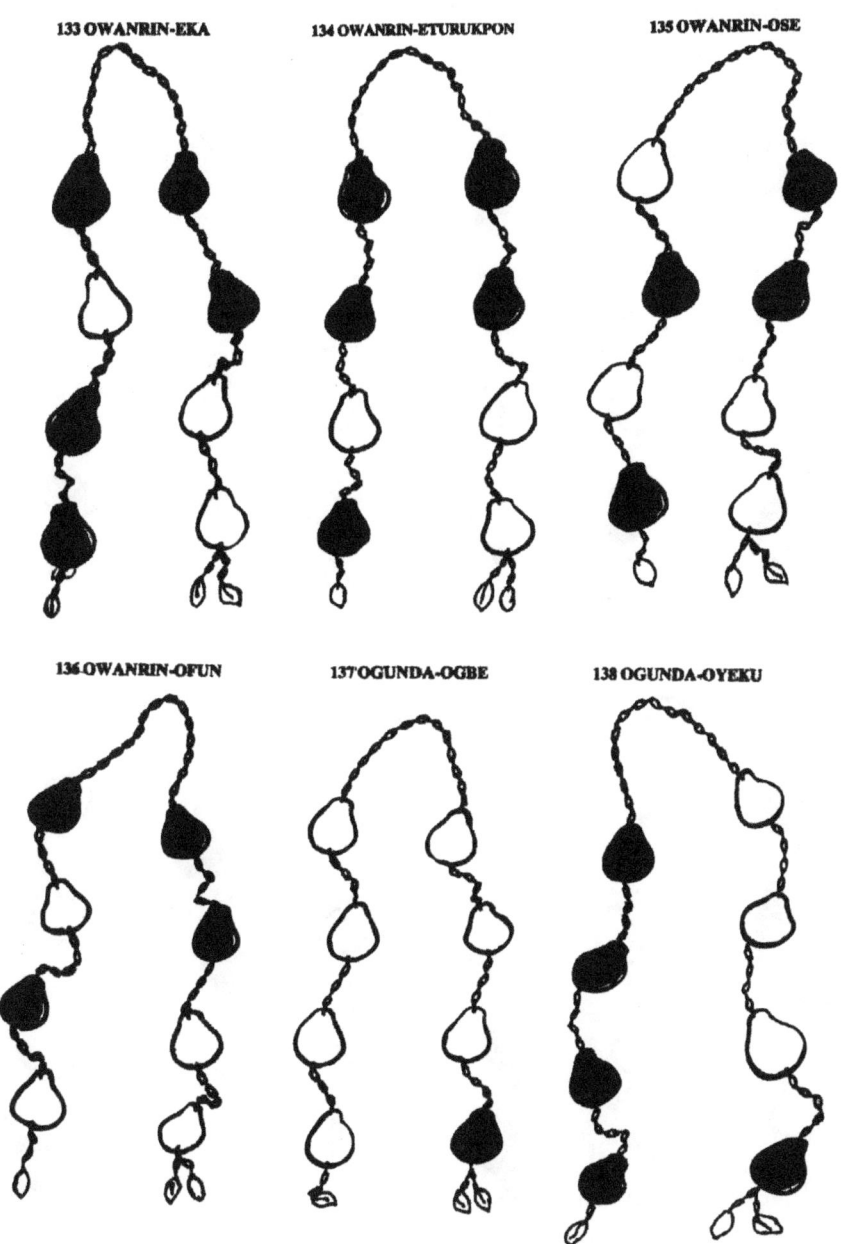

OKPELE DIVINATIONAL SYMBOLS IN IFISM

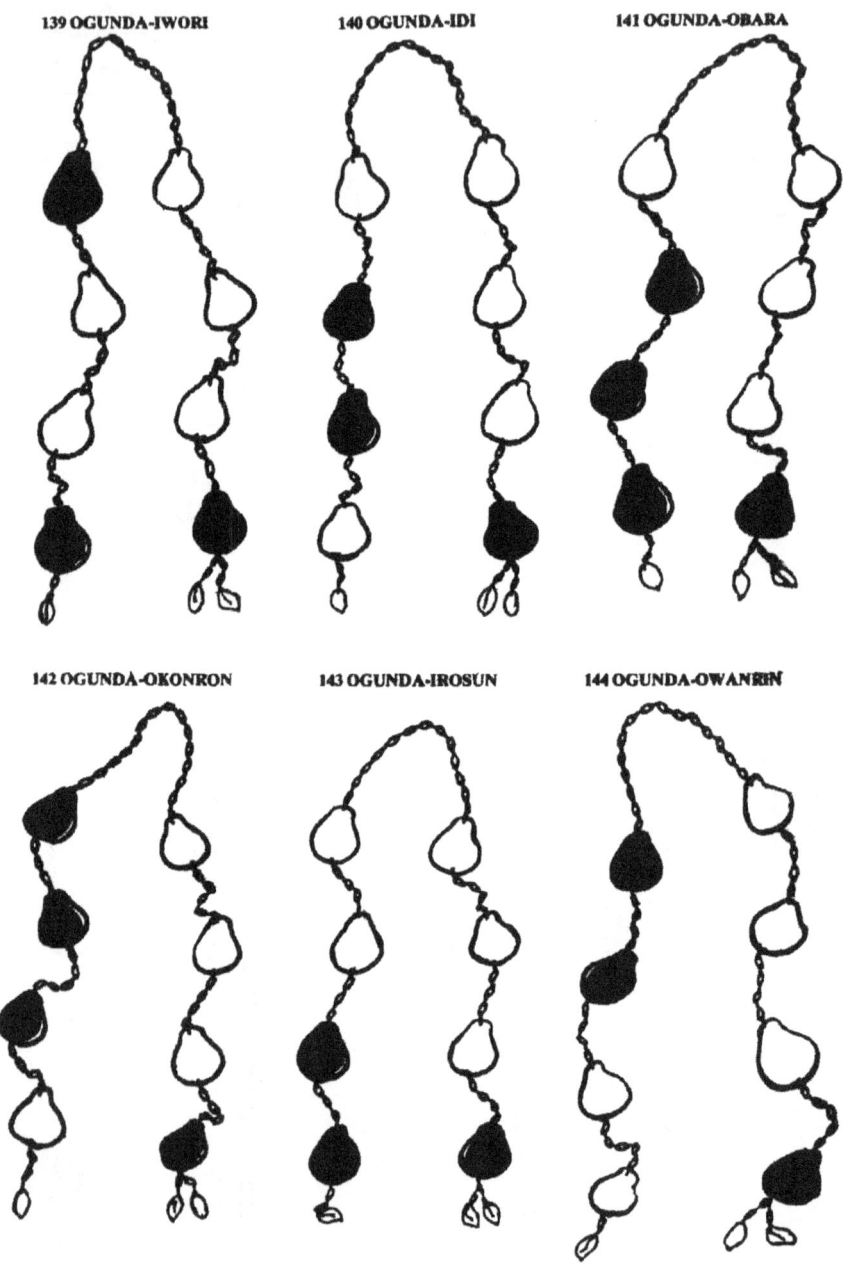

139 OGUNDA-IWORI
140 OGUNDA-IDI
141 OGUNDA-OBARA
142 OGUNDA-OKONRON
143 OGUNDA-IROSUN
144 OGUNDA-OWANRIN

OKPELE DIVINATIONAL SYMBOLS IN IFISM

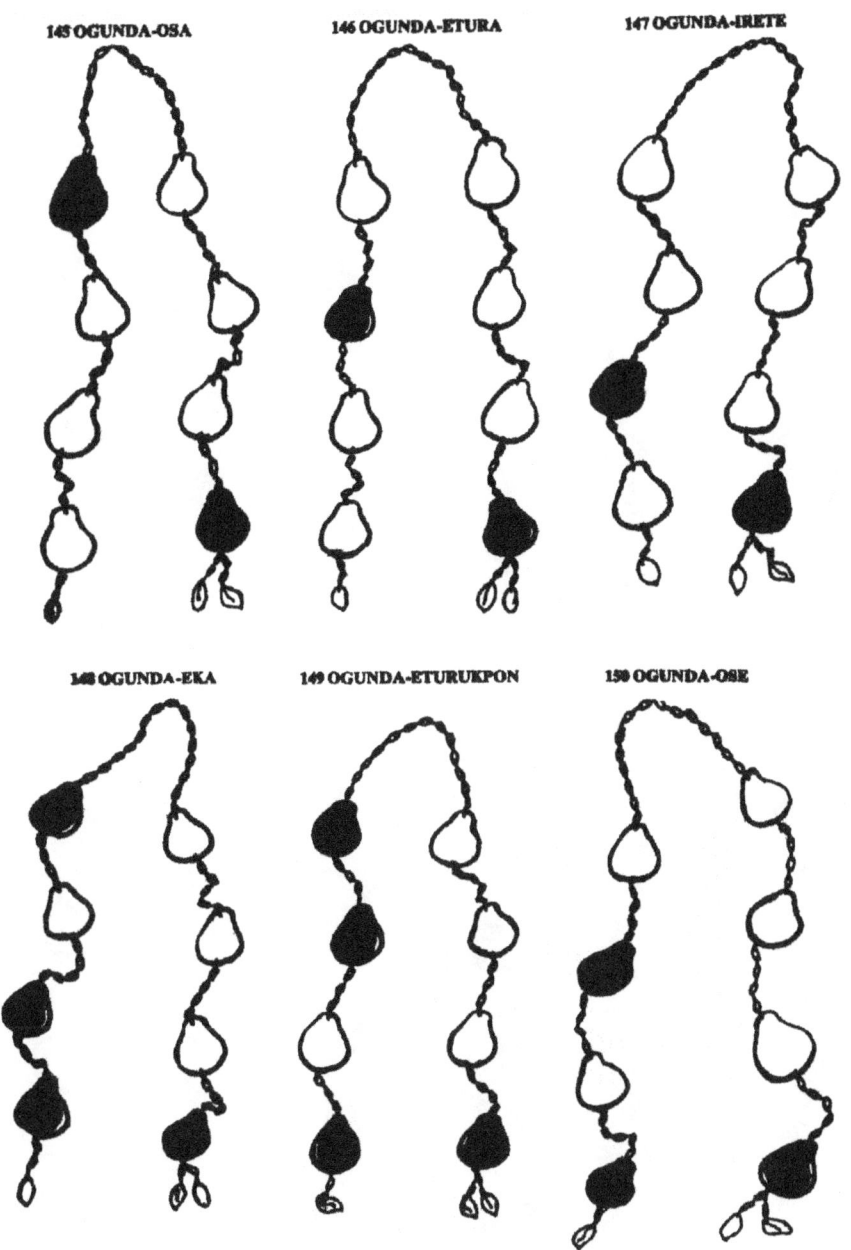

145 OGUNDA-OSA   146 OGUNDA-ETURA   147 OGUNDA-IRETE

148 OGUNDA-EKA   149 OGUNDA-ETURUKPON   150 OGUNDA-OSE

OKPELE DIVINATIONAL SYMBOLS IN IFISM

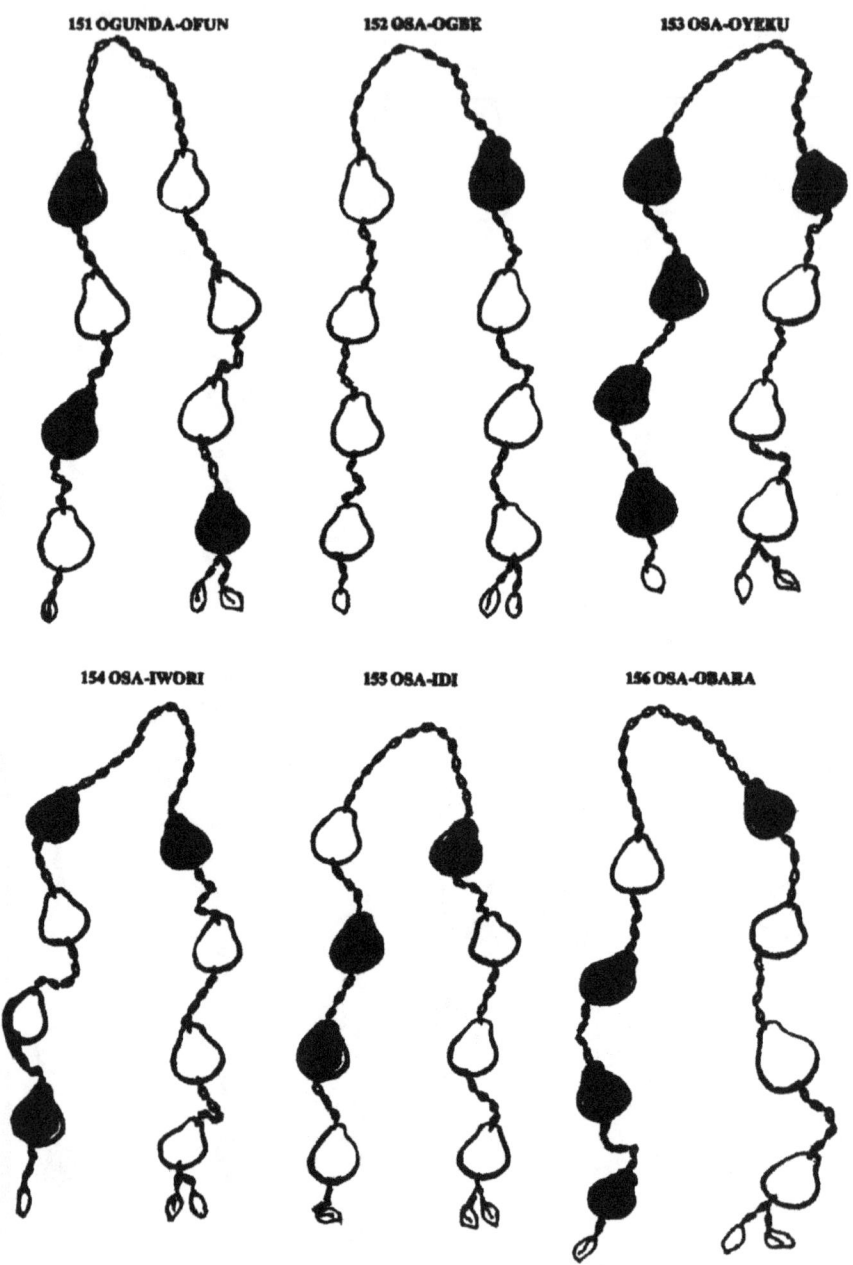

OKPELE DIVINATIONAL SYMBOLS IN IFISM

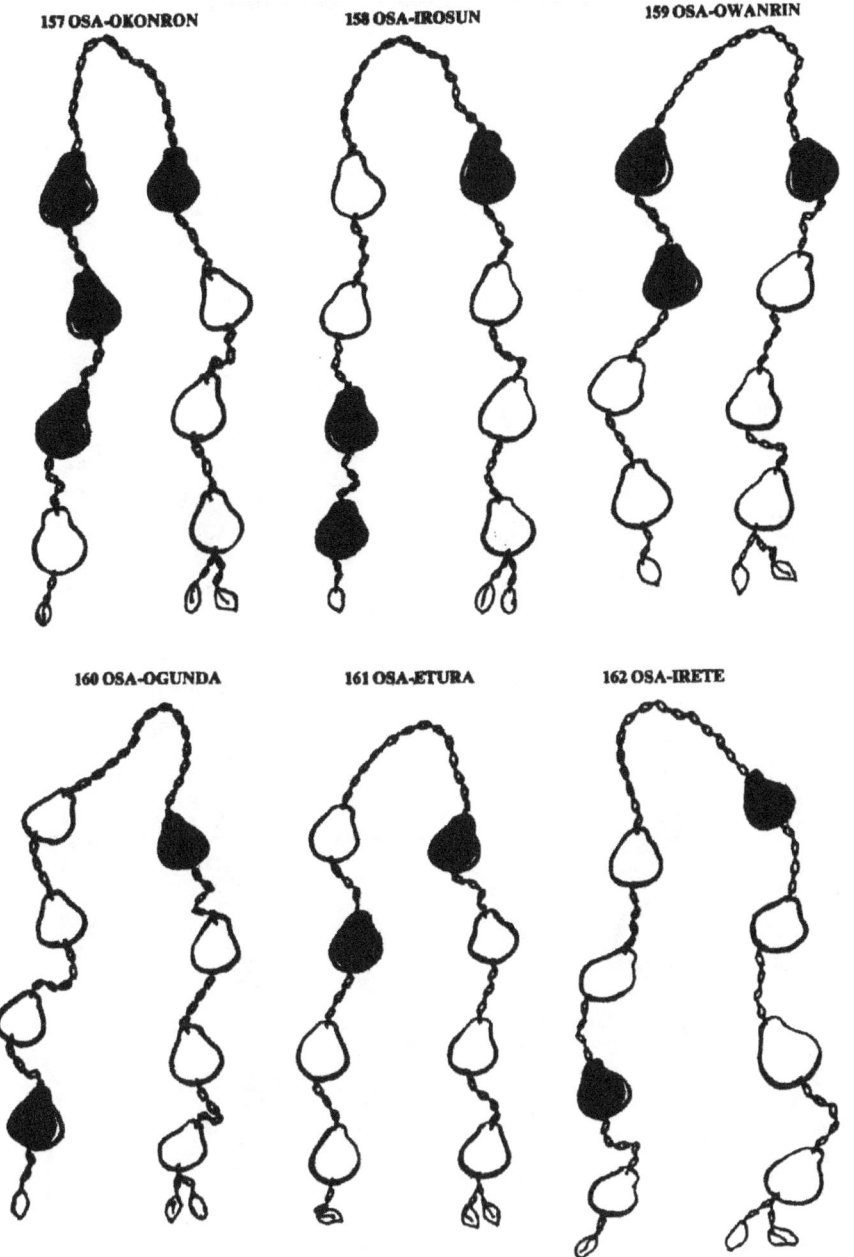

157 OSA-OKONRON
158 OSA-IROSUN
159 OSA-OWANRIN
160 OSA-OGUNDA
161 OSA-ETURA
162 OSA-IRETE

OKPELE DIVINATIONAL SYMBOLS IN IFISM

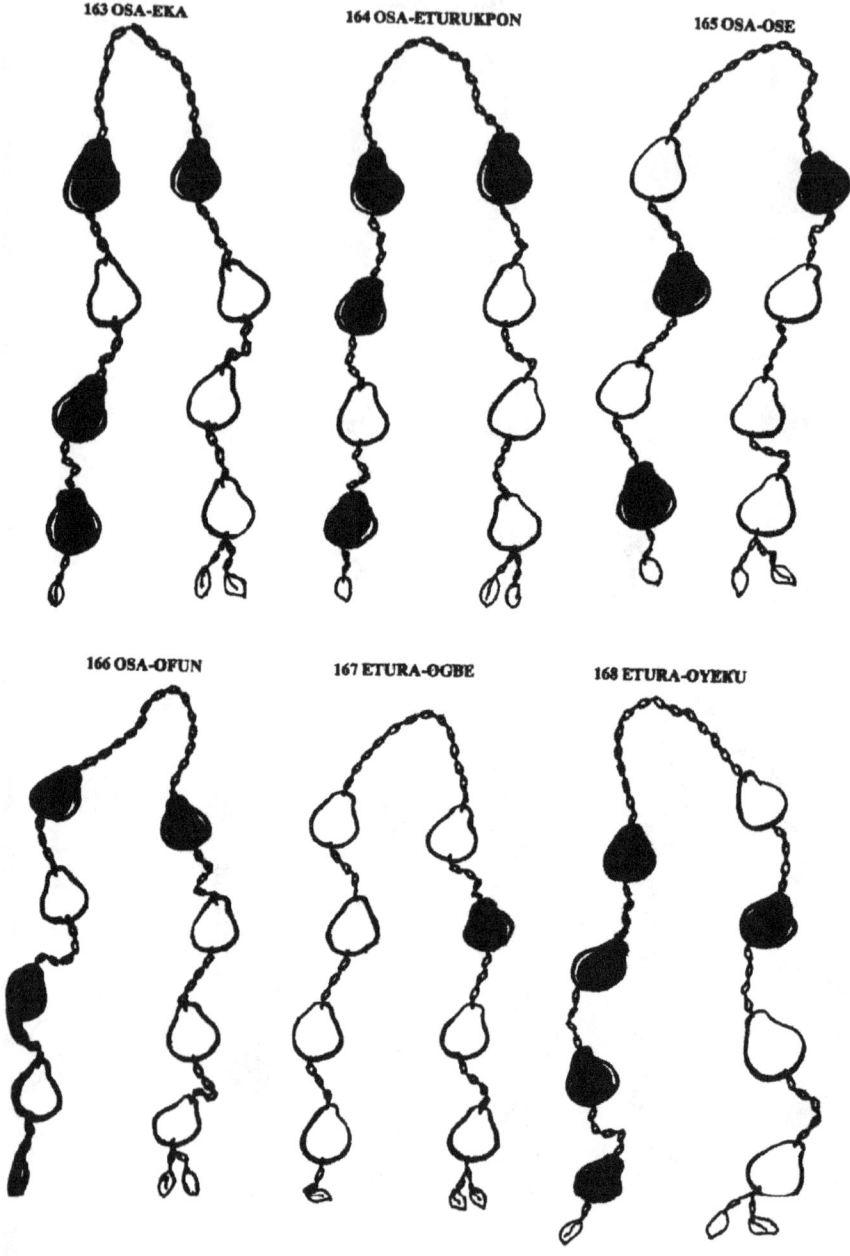

OKPELE DIVINATIONAL SYMBOLS IN IFISM

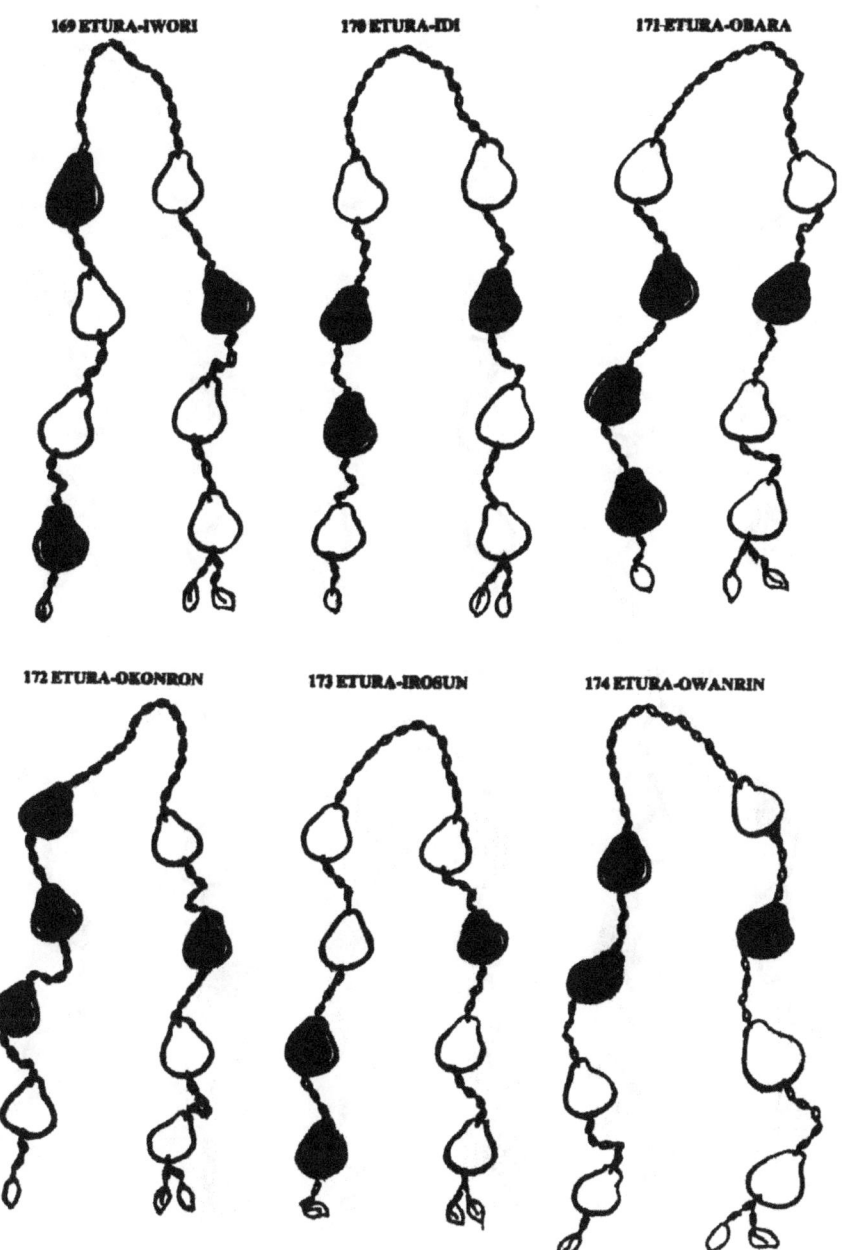

OKPELE DIVINATIONAL SYMBOLS IN IFISM

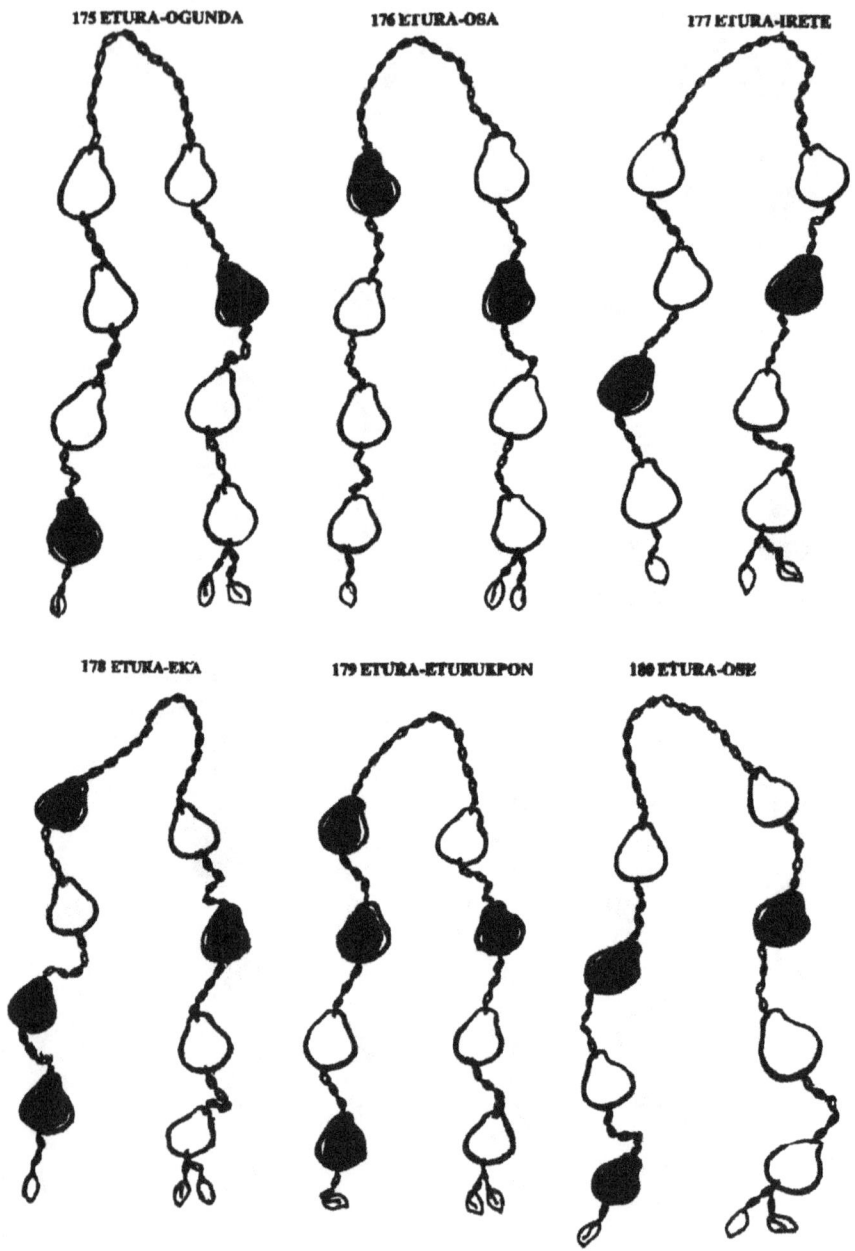

175 ETURA-OGUNDA 176 ETURA-OSA 177 ETURA-IRETE

178 ETURA-EKA 179 ETURA-ETURUKPON 180 ETURA-OSE

OKPELE DIVINATIONAL SYMBOLS IN IFISM

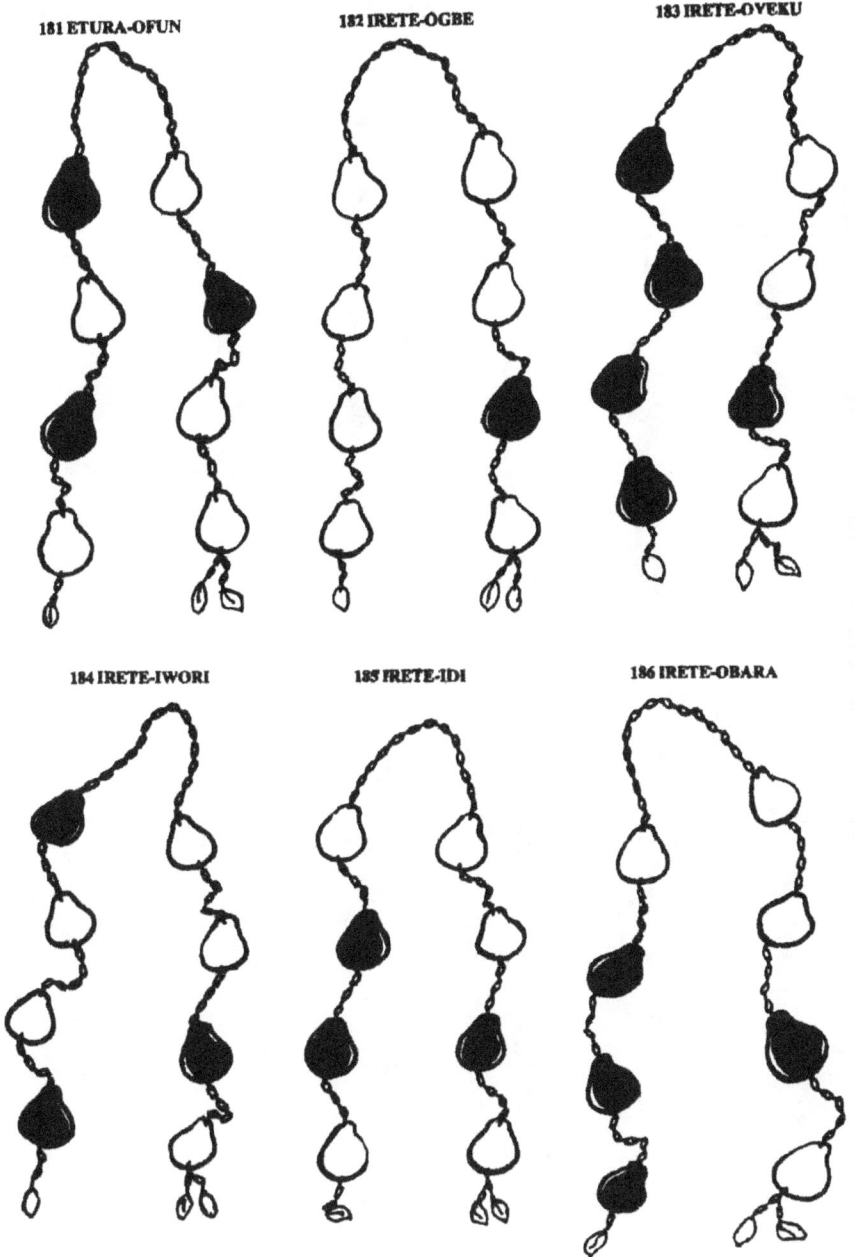

OKPELE DIVINATIONAL SYMBOLS IN IFISM

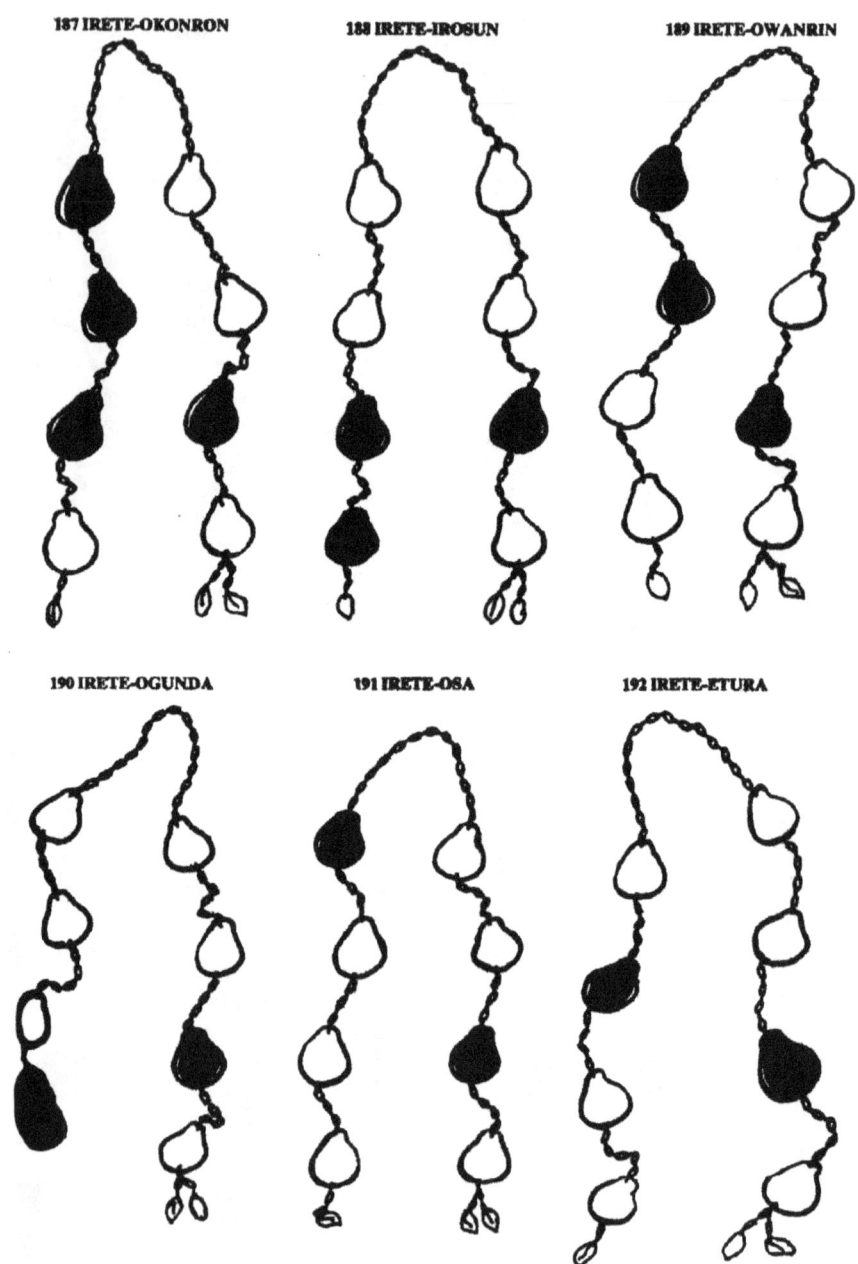

OKPELE DIVINATIONAL SYMBOLS IN IFISM

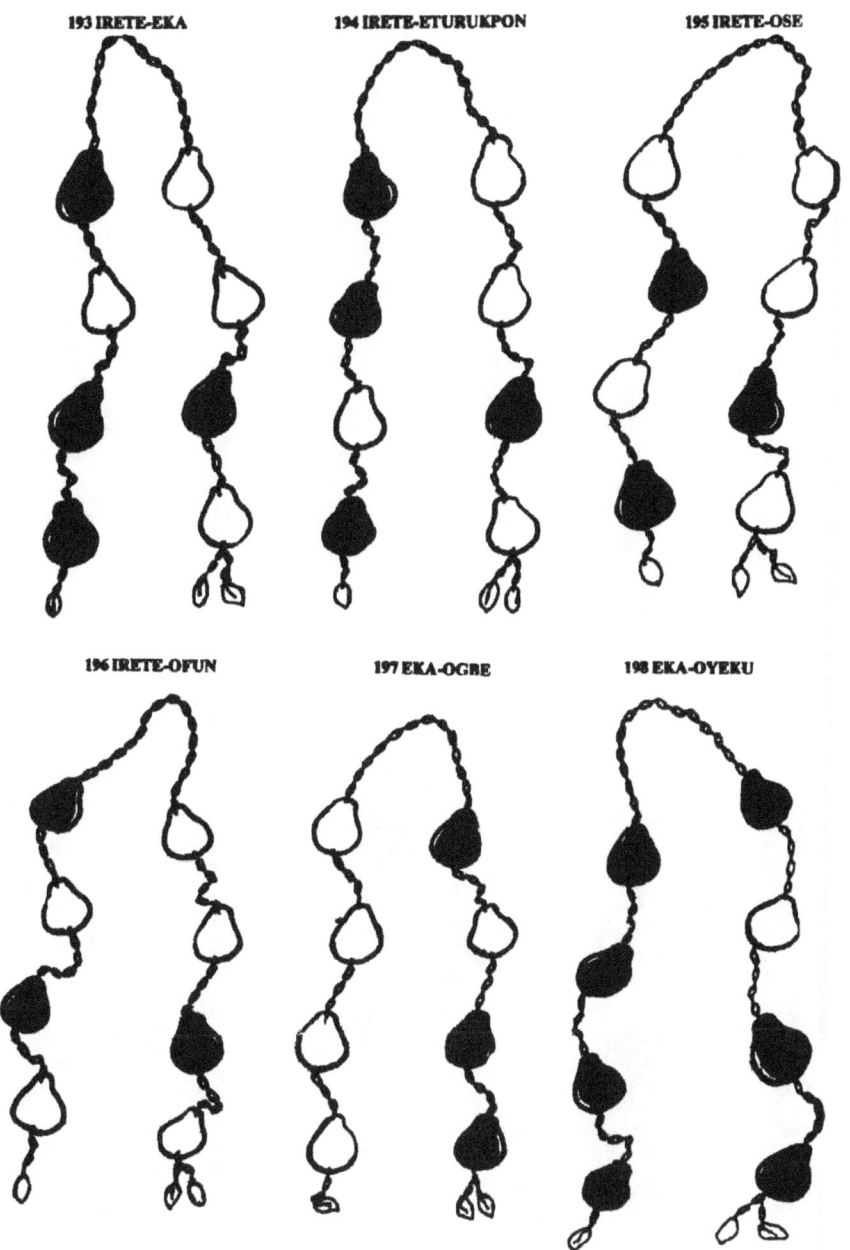

OKPELE DIVINATIONAL SYMBOLS IN IFISM

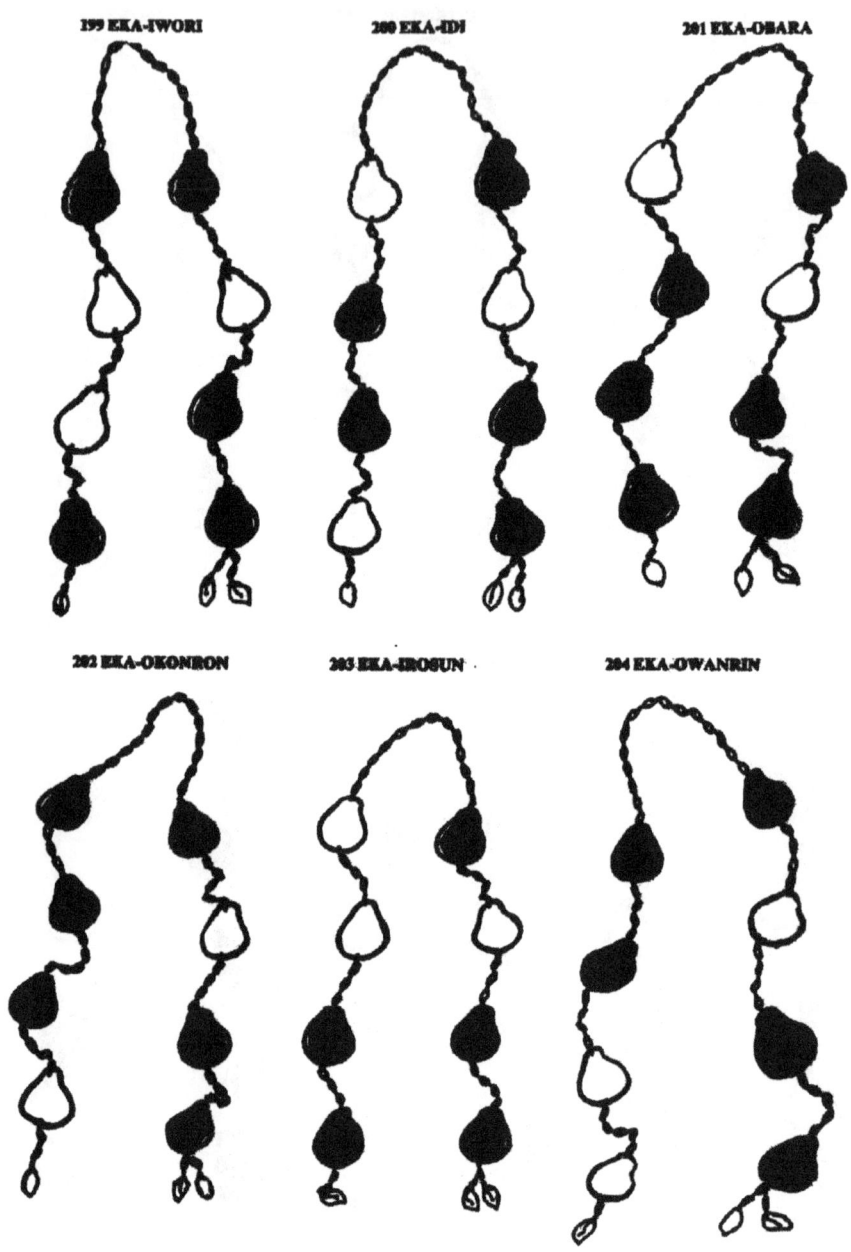

199 EKA-IWORI   200 EKA-IDI   201 EKA-OBARA

202 EKA-OKONRON   203 EKA-IROSUN   204 EKA-OWANRIN

OKPELE DIVINATIONAL SYMBOLS IN IFISM

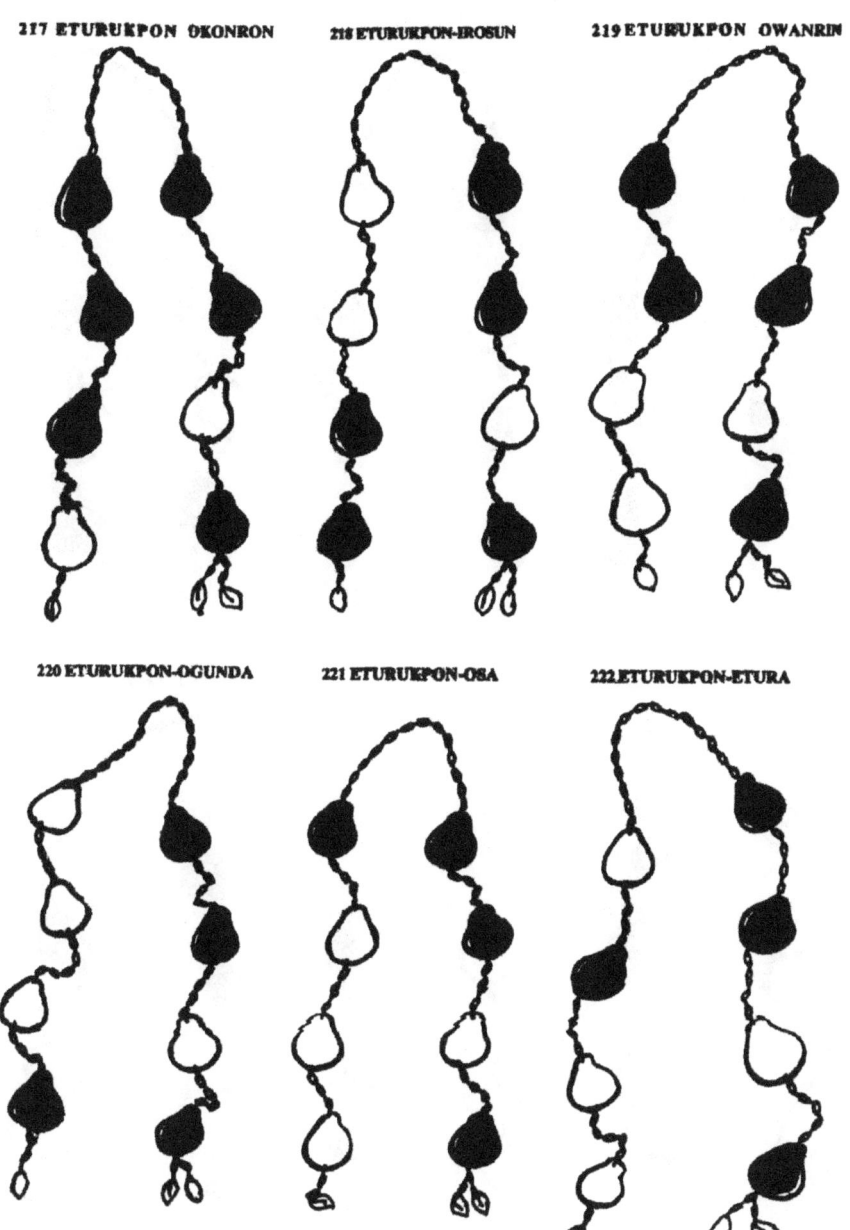

217 ETURUKPON OKONRON
218 ETURUKPON-IROSUN
219 ETURUKPON OWANRIN
220 ETURUKPON-OGUNDA
221 ETURUKPON-OSA
222 ETURUKPON-ETURA

OKPELE DIVINATIONAL SYMBOLS IN IFISM

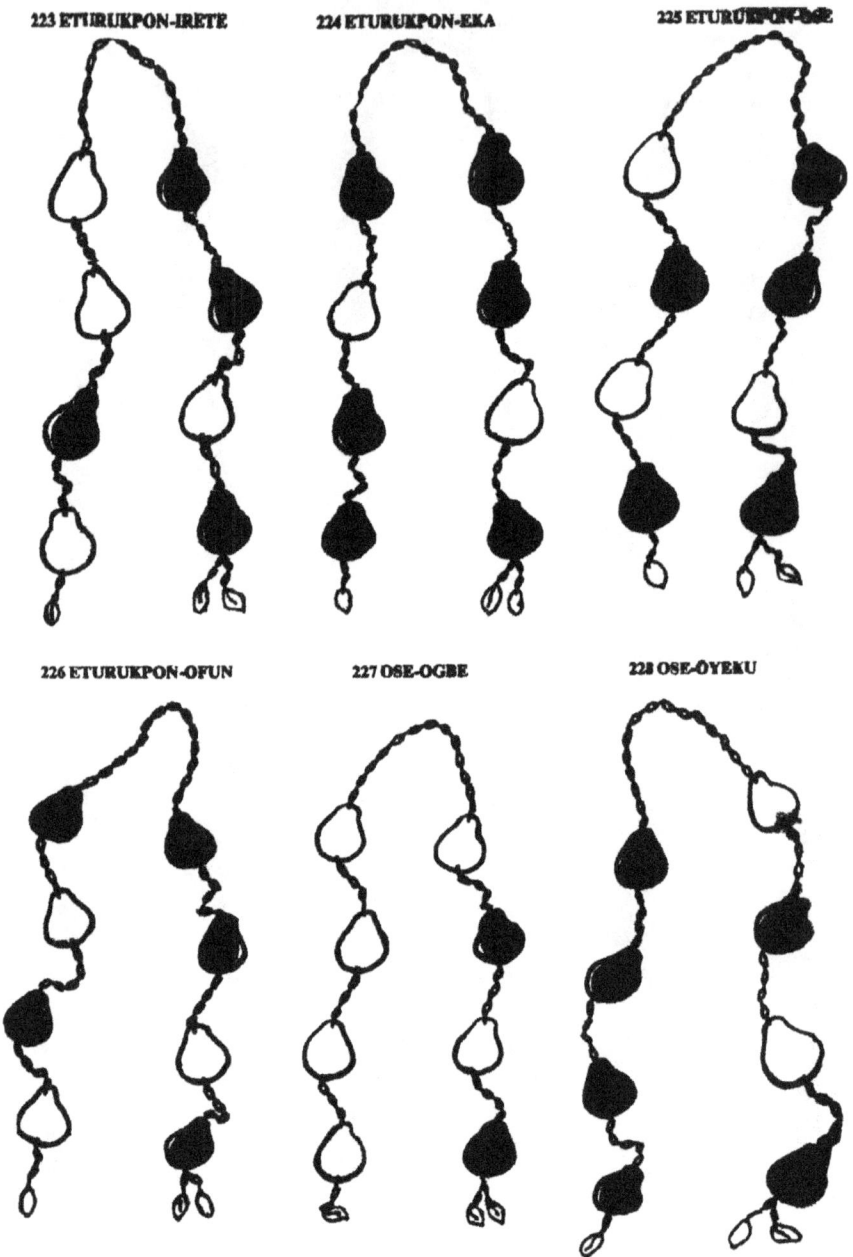

223 ETURUKPON-IRETE
224 ETURUKPON-EKA
225 ETURUKPON-OGE
226 ETURUKPON-OFUN
227 OSE-OGBE
228 OSE-OYEKU

OKPELE DIVINATIONAL SYMBOLS IN IFISM

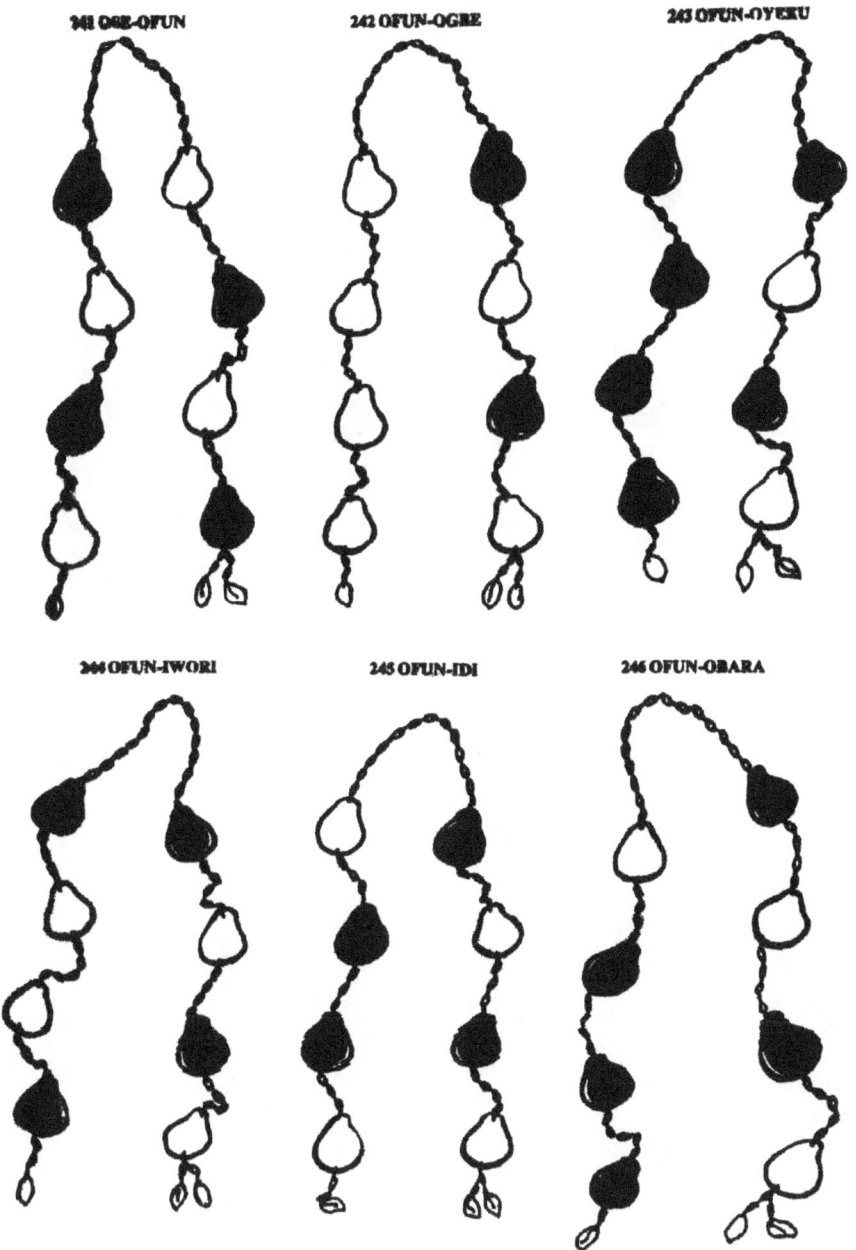

OKPELE DIVINATIONAL SYMBOLS IN IFISM

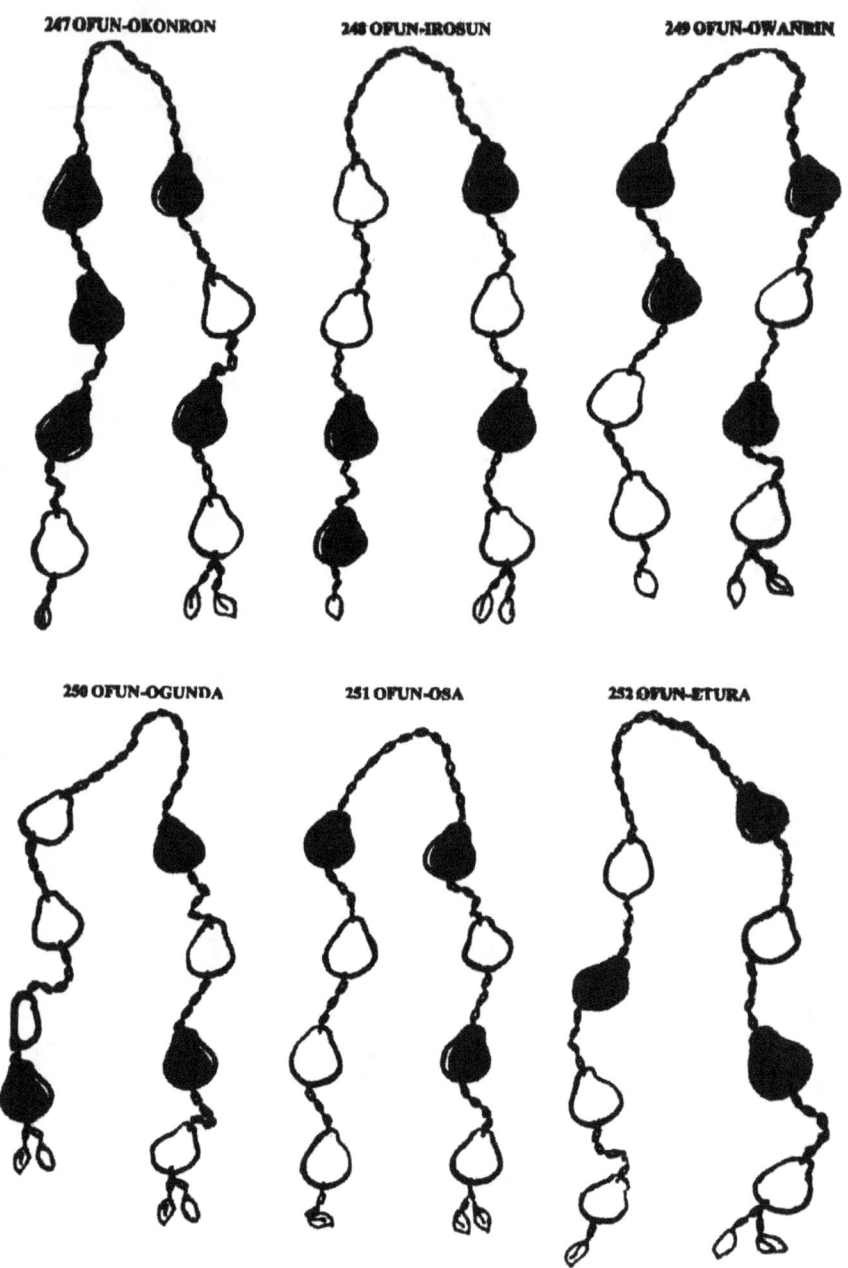

OKPELE DIVINATIONAL SYMBOLS IN IFISM

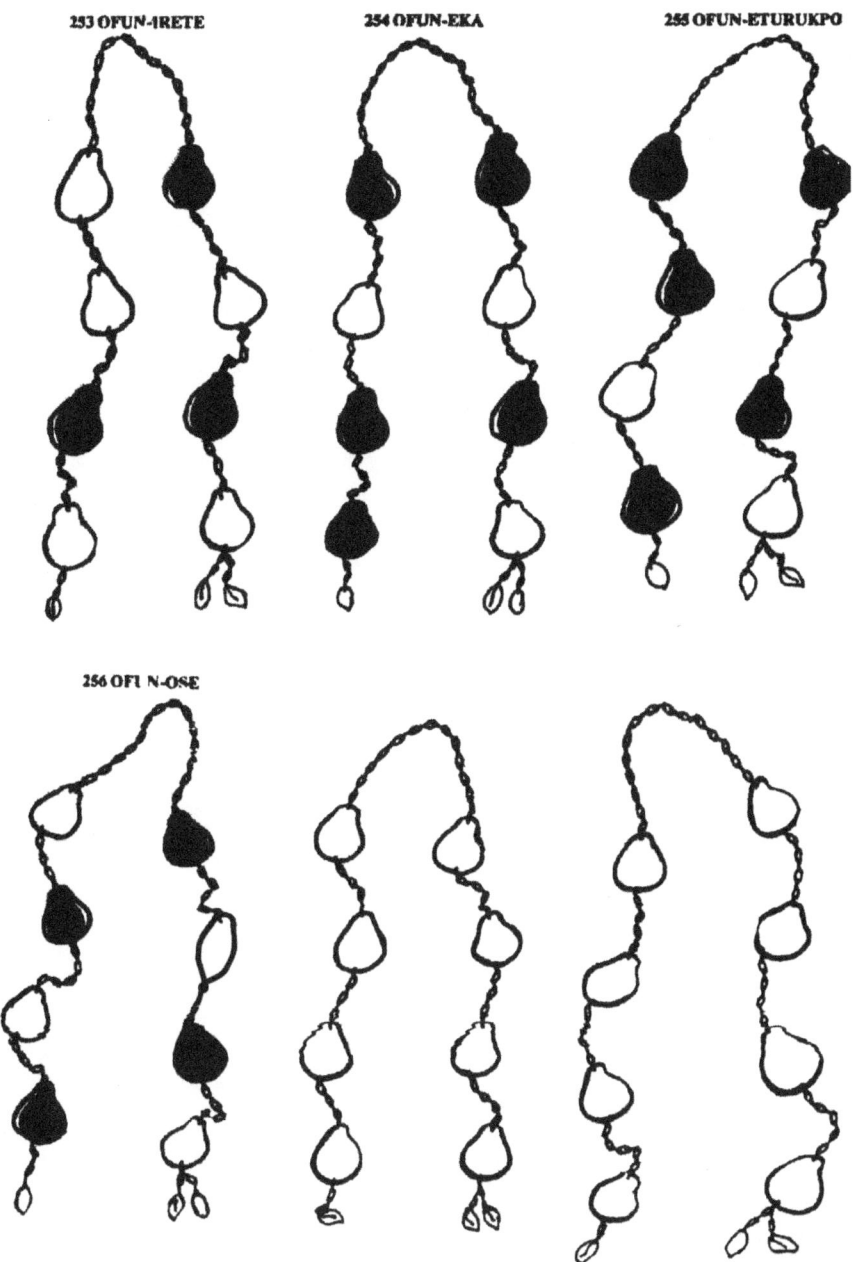

www.ingramcontent.com/pod-product-compliance
Lightning Source LLC
Chambersburg PA
CBHW031219090426
42736CB00009B/985